SIETE
PRÁCTICAS EFECTIVAS
LIDER
DEL
AZGO

7 prácticas efectivas del liderazgo
Andy Stanley, Reggie Joiner, Lane Jones

Publicado por:
Editorial Peniel
Boedo 25
Buenos Aires C1206AAA - Argentina
Tel. (54-11) 4981-6034 / 6178
e-mail: info@peniel.com
www.peniel.com

Copyright © 2006 Editorial Peniel

Publicado originalmente con el título:
7 *Practices of Effective Ministry* by Reggie Joiner & Lane Jones & Andy Stanley
Copyright © 2004 by North Point Ministries, Inc., Published by Multnomah
Publishers, Inc. 601 N. Larch Street - Sisters, Oregon 97759 USA.
All non-English language rights are contracted through:
Gospel Literature International
P. O. Box 4060, Ontario, California 91761-1003 USA.

Las citas bíblicas fueron tomadas de la Santa Biblia, Reina Valera,
revisión 1960, a menos que se indique lo contrario.
© Sociedades Bíblicas Unidas.

Diseño de cubierta e interior: Arte Peniel • arte@peniel.com

Impreso en Colombia
Printed in Colombia

Stanley, Andy
7 prácticas efectivas del liderazgo. - 2a ed. - Buenos Aires : Peniel, 2008.
Traducido por: Karin Handley
ISBN-10: 987-557-100-8   ISBN-13: 978-987-557-100-6
1. Liderazgo I. Handley, Karin, trad. II. Título   CDD 303.34
192 p.; 21x14 cm.

ANDY STANLEY

REGGIE JOINER

LANE JONES

SIETE
PRÁCTICAS EFECTIVAS
LIDER
DEL
AZGO

BUENOS AIRES - MIAMI - SAN JOSÉ - SANTIAGO

www.peniel.com

Al equipo de liderazgo de la Iglesia de la
Comunidad de North Point, con quienes hemos
tenido el placer de experimentar estas siete
prácticas. Nuestra oración es para permanecer
siempre en la misma línea.

Julie Arnold
Rick Holliday
Reggie Joiner
David McDaniel
Andy Stanley
Bill Willits

ÍNDICE

Parte n° 2
Poner las 7 prácticas a trabajar

Prólogo

UNA NUEVA TEMPORADA

Cada lunes por la mañana, a las ocho, me siento con nuestro equipo de personal de liderazgo en la iglesia Comunidad de North Point, en un espacio para aprender. Estos son momentos valiosos. Y honestamente, a menudo, son momentos de frustración. Frustrantes porque estamos forzados a ver más allá de donde estamos, hacia donde podríamos y deberíamos estar como organización.

Estas son las consideraciones que, en términos de programar, conducen a nuevos comienzos y finales inoportunos.

El debate está sin filtrar. Por momentos se torna personal. Todos hemos perdido la calma en un momento u otro. No siempre tengo razón. Y hay mañanas en las que parece que estamos perdiendo el tiempo de todos.

Pero seguimos reuniéndonos. Continuamos frenando el impulso que marcan nuestras diferencias, por el bien de la unidad, y seguimos aprendiendo y creciendo juntos.

Una y otra vez, las siete prácticas descritas en este libro son las que nos permiten penetrar la niebla de la información y la emoción.

Es nuestro compromiso hacia estas siete guías, el que nos ha permitido encontrar claridad y realizar rigurosos llamados de alerta. Estos siete principios proveen el contexto para todas las discusiones y decisiones.

Se han escrito docenas de libros hermosos para líderes de iglesias sobre cómo incrementar la asistencia, desarrollar programas o convertir personas. Este no es uno de esos libros.

7 prácticas efectivas del liderazgo no trata sobre qué *hacer*, sino sobre qué *preguntar*. Este libro no le dirá cómo implementar programas, sino lo equipará de una nueva visión a través de la cual podrá evaluar sus programas actuales y cualquiera que pueda estar considerando. No encontrará nuevas estrategias escondidas en estas páginas. Sino que, mientras vaya comprendiendo cada una de estas siete prácticas, su ministerio será inevitablemente más estratégico en todo lo que haga.

PRÁCTICAS, NO PROGRAMAS

Las siete prácticas son solamente eso: *prácticas*. No son nuevas ideas de programas. No es necesario trabajar mucho en la iglesia para descubrir que no hay programas que se ajusten a todo. El ministerio es más arte que ciencia, y nuestra cultura siempre cambiante hace necesario evaluar constantemente, lanzar, y ocasionalmente hasta deshacer programas.

Las siete prácticas están diseñadas para proveer una guía que ayudará a determinar por cuál programa comenzar, qué cosa detener y cómo mejorar lo que está funcionando. Cuando estén implementadas correctamente, estas prácticas energizarán cada aspecto de su ministerio.

¿Así que cuáles son estas siete prácticas?

1. Clarificar el objetivo: Es imposible saber si se está progresando si no tenemos en claro el destino. Esto significa examinar cada uno de los eventos y programas, y preguntar cuando todo está dicho y hecho... ¿qué es lo que celebramos al mirar atrás?

2. Pensar en pasos, no en programas: Sus programas deberían llevar a las personas a algún lugar, no simplemente llenar su tiempo. Pregúntese: ¿dónde queremos que nuestra gente esté? ¿En qué queremos que se conviertan? ¿Está nuestra programación diseñada para llevarlos allí?

3. Reducir el enfoque: El enfoque es la llave para lograr excelencia y realizar un impacto. Cada ámbito de ministerio debería estar diseñado para hacer una o dos cosas bien.

4. Enseñar menos por más: Cuanto menos decimos, más nos comunicamos. Será más efectivo en cada nivel de su organización si dice lo que necesita decir a los que necesitan oírlo.

5. Escuchar a *los de afuera*: Los intereses y necesidades del grupo mismo tienen una tendencia a determinar la agenda de la organización. Esto es especialmente verdad para la Iglesia. Debe enfocar sus esfuerzos en aquellos que trata de alcanzar, más que en aquellos que trata de mantener.

6. Reemplazarse a uno mismo: Algún día alguien más hará lo que usted hace. Tenga o no una estrategia de salida, finalmente, se irá. De modo que acepte lo inevitable y prepárese ahora para el futuro.

7. Trabajar en eso: Para mantener su importancia, su sanidad y su efectividad debe rescatar tiempo de su agenda para retroceder y evaluar qué hace y cómo lo hace.

¿Nota que falta algo? Llamativamente, están ausentes aquí las discusiones sobre la oración, el Espíritu Santo y la dependencia de Dios. Aunque no existan en el libro, estas cosas no faltan de la cultura de North Point o de cualquier otra iglesia saludable.

De hecho, las siete prácticas son la respuesta a nuestros intercesores fervientes, ya que buscamos crear una iglesia que refleje la misión de nuestro Salvador. Estamos convencidos de que estas prácticas son expresiones de cómo el Espíritu Santo ha elegido trabajar a través de la iglesia local. Y hemos venido a depender más de Dios y menos de nosotros mismos, ya que estas prácticas nos han forzado a abandonar algunos acercamientos cómodos, aunque inefectivos del ministerio.

¡JUGUEMOS A LA PELOTA!

Como está a punto de descubrir, este libro está dividido en dos secciones. Comienza con una historia escrita por Lane Jones, del grupo original de seis miembros de North Point. La narración se concentra en un pastor que se ausenta sin permiso, de una reunión con el Consejo de la iglesia, para asistir a un juego de la liga mayor de béisbol. Esa tarde, dentro del contexto de ese simple partido de béisbol, el pastor descubre los siete principios que forman la base de las siete prácticas.

En la segunda mitad del libro, otro miembro original de nuestro grupo, Reggie Joiner, se sumergirá más profundamente en cada una de las siete prácticas. Él también participará de unas pocas páginas del "manual" de North Point, para permitirle ver cómo estas prácticas han sido utilizadas en el contexto del ministerio. Hablando de parte de nuestro equipo, podemos decir desde la experiencia que estos principios funcionan.

Si lee este libro solo, le sugiero leerlo completo. Si trabaja a través de estas páginas como equipo, mi recomendación es que lean el capítulo de la historia y luego lean y consideren el capítulo correspondiente a la segunda sección. Esto le dará a su equipo la oportunidad de evaluar el entorno actual en su ministerio, dentro del contexto de cada una de las siete prácticas.

Considere este libro como el Entrenamiento de Primavera en su ministerio. Al comenzar esta nueva temporada ministerial, empiece a establecer cada una de las siete prácticas en su equipo, y pronto encontrará que juntos son capaces de crear entornos de ministerio extraordinarios... entornos que harán su iglesia irresistible para creyentes y no creyentes indistintamente.

– *Andy Stanley*

ENTREMOS EN EL **JUEGO**

La historia de Ray

1

LOS PLANES
MEJOR
DISEÑADOS

El tránsito que se dirigía al norte en la autopista Meadowland, estaba atascado, parachoque con parachoque. Autos, camionetas y utilitarios atestados de gente de todos los tamaños y medidas se movían hacia el Estadio VisionTel. Niños que sostenían banderas y guantes de béisbol[1] –y con deseos de atrapar una milagrosa pelota en una falta– esperaban ansiosamente que sus autos avancen unos pocos centímetros. Las entradas para esa noche se habían vendido por completo y los fanáticos habían salido con todas sus energías. Cada uno con una entrada para el juego, era empujado hacia adentro.

Todos excepto Ray Martin.

Ray se dirigía al sur por la autopista. Mientras pasaba a la derecha del estadio, miró el tique de la entrada sobre el asiento a su lado. Era un regalo de un amigo que tenía contactos con el equipo. Un amigo a quien pronto tendría que llamar con malas noticias.

Ray había planeado el día perfecto: iglesia en la mañana, ver la primera lanzada a las 13:00, y de regreso a la iglesia para una reunión de grupo esa noche. Eso fue antes de que un juego de nueve golpes pusiera a su equipo en el primer lugar, y la ESPN lo eligiera para el juego de la noche del sábado de esa semana. Como resultado, el horario de juego había sido cambiado a las 20:00. Así que ahora, en lugar de una tarde de béisbol, estaba enfilándose para una tarde de bullicio en una reunión de la iglesia Comunitaria de Meadowland. La visión de Ray se estrechó y su frente se arrugó al mirar a los carriles de tránsito del norte que se dirigían hacia su juego.

¿Quién podría culparlo por estar enojado? Nadie en su sano juicio elegiría una reunión a un duelo de lanzadores entre dos ganadores potenciales del premio Cy Young[2]. Ray no tenía motivos para sentirse culpable. Ni siquiera el pastor lo culparía por querer ir al partido.

Desdichadamente para Ray, él era el pastor.

Ray había sido pastor de Meadowland por diez años y, hasta hace poco, nunca había pensado en sus circunstancias como desafortunadas. De hecho, Ray era el pastor fundador; él y solo él era el responsable de la fe de la iglesia. O al menos se sentía de esa manera. Perdido en sus pensamientos, apenas oía su teléfono celular que sonaba. Lo respondió apenas antes que el contestador.

– Este es Ray –dijo.

– ¿Estás listo para el gran partido? –la voz en el otro lado preguntó.

Era Joe Dickinson, el amigo que le había dado la entrada.

– Hola Joe. Estaba por llamarte. Acerca del partido...

– Por el tono de tu voz, diría que no estas entusiasmado –dijo Joe, interrumpiéndolo.

– Digamos que la noche no luce demasiado prometedora.

– ¿No luce prometedora? –dijo Joe– este podría ser el partido del año.

– Sí, bueno, no estaba seguro cómo iba a decirte esto. Pero no puedo ir al partido, Joe. Tengo una reunión en la iglesia y por la nueva hora del partido, no llego.

– ¡Yo temía eso! –dijo Joe–. Escúchame, sé que es duro para ti hacer esto, pero pienso que estarías contento de evitar la reunión e ir a este partido.

"Evitaría la reunión, aún por un tratamiento de conducto", pensó Ray.

– Bien, probablemente tienes razón, pero están pasando varias cosas y mejor que esté allí –dijo cuidadosamente.

– Bien, haz lo que tengas que hacer –dijo Joe.

– Gracias por preocuparte, Joe. Trataré de encontrar a alguien que use la entrada –ofreció Ray.

– No, conserva la entrada. Realmente creo que tú y la iglesia estarán mejor si vas al partido, así que veremos qué pasa. Te hablaré más tarde, Ray. Adiós.

Ray estaba confundido por el comentario de su amigo y eso se sumó a su sensación de resentimiento acerca de la reunión. No hacía mucho tiempo que el nivel de entusiasmo de Ray, por un partido de béisbol, disminuía apenas ante la excitación de liderar Meadowland.

Honestamente, no era tanto que quería ir al partido, sino que no quería ir a la iglesia.

Pero él conducía hacia el sur por más de un motivo.

Ray y su esposa Sally, junto con otras doce personas, habían comenzado la iglesia en una casa cercana. Su visión era pura y simple: presentarle a las personas a Jesucristo. Más que una visión, era una pasión. Ray conoció a Sally en un seminario. Ella era maestra de escuela y él amaba su entusiasmo por cambiar vidas jóvenes. Ella amaba su simpleza y la pasión que tenía para alcanzar a la gente para Dios. Juntos cambiarían el mundo, o por lo menos una parte de él. Eso fue antes de que las cosas se complicaran tanto. No era que Meadowland era un fracaso como iglesia. Cuando su área de la ciudad se expandió, también lo hizo su congregación. En diez años la iglesia había crecido de un puñado de miembros a más de trescientos. *Algo* estaba bien hecho.

Si Ray solo supiera qué era. No es que no supiera lo que hacía. Ray era un buen orador y sabía cómo llevar una iglesia. Había tenido un sentimiento molesto de que era la iglesia la que lo manejaba a él. El crecimiento más grande había sucedido en el tercer año, cuando la iglesia abrió su nuevo edificio. Junto con la iglesia, había venido una hipoteca y un comité de constructores. Las finanzas, las cuales fueron siempre importantes, se convirtieron en lo más importante del mundo de Ray. Con el edificio, vino una cancha de juego y un ministerio de recreación que "le daba sentido", y también generó algo del dinero que se necesitaba.

El cuarto año trajo un programa del Día de la Madre exitoso para generar ganancias para el nuevo edificio y, después de todo, "alcanzaría a la comunidad también". Desde allí era un escalón pequeño pasar a un programa completo de preescolar y jardín en el quinto año, y su éxito lo había conducido al tema de la reunión de esa noche: una nueva escuela primaria. En diez cortos años, Ray se había convertido en pastor, financista y director de recreación, y ahora, tal vez el principal de un colegio. Lo que no sabía era *cómo o por qué* había hecho todas esas cosas.

La escuela primaria era idea de Rick Stevens. Rick era un joven de la comunidad que tenía muchas ideas grandiosas de lo que *los otros* deberían hacer. Esto nunca fue más cierto que en la iglesia No era que sus ideas fueran malas; de hecho eran a menudo bastante buenas. Pero con ellas parecía que Rick tenía su propia agenda. Más que interesante, tenía gemelos en el jardín de infantes.

Rick estaría en la reunión de esa noche.

– ¿Verdad que tiene sentido la escuela en el gran escenario de las cosas? –le preguntaron a Ray–. ¿Por qué dejar todos esas aulas de la escuela dominical vacías durante la semana? ¿No necesitarán los graduados del jardín de infantes una buena escuela para ir? ¿No traerá más gente de la comunidad?

"¿Pero quién va pagar a todos esos maestros? –pensó–. ¿Y quién va a seleccionar los currículos? ¿Quién va a organizar el entrenamiento para incendios y llevar a cabo el PTA (Asociación de padres y docentes)?" Ray sabía quién sería esa persona, y no era Rick. Esa persona era él. Y podía sentirlo en la boca de su estómago.

El tránsito hacia el partido se extendía como un molesto recordatorio que este día se había arruinado. Un día de diversión relajada se había convertido en un momento malo.

"¿Por qué no voy al partido? –pensó–. ¿Es mi culpa que cambiaran el horario? ¿Es mi culpa que Rick quiera tener una escuela? He faltado a reuniones antes. En una época, estando de viaje de misión, Sally estaba en trabajo de parto. Siempre sobrevivimos. Además, este iba a ser un gran juego. ¿No merezco vivir? ¿Dónde está escrito que el pastor no puede disfrutar un poco de vez en cuando?"

El estómago de Ray hacía sonidos mientras pensaba agregar otra gran porción de liderazgo a su plato ya lleno. ¿Cómo pudo mantener todas esas bolas en el aire? Sally y los chicos sufrirían. Su predicación seguramente sufriría también. El resto de la iglesia, probablemente sufriría también.

Si solo no tuviera que ir a esa reunión.

Si solo Rick no tuviera niños.

Si solo pudiera doblar con el auto e ir al juego.

Estaba la posibilidad, un corte al medio que le ofrecía la oportunidad de escapar. Solo necesitaba dar vuelta el volante del auto y sería libre. Un giro y la angustia se convertiría en éxtasis.

Un giro, y de repente el tráfico se dirigía hacia el norte sobre la avenida de Meadowland.

* * *

Le llevó un momento darse cuenta de lo que había hecho. La bocina del auto de atrás lo trajo nuevamente a la realidad. El suyo era ahora uno de los cientos de automóviles que se dirigían al juego. "¡No puedes hacer esto! –la conciencia de Ray gritaba–. Tú eres el pastor, por el amor de Dios. Él te quiere a ti allí. ¿Quién va a dirigir la reunión?". En realidad, Ray sabía que con o sin él, Jim Benson lideraría la reunión. Jim era el presidente del Consejo de ancianos, y un buen hombre. Ray había tenido sabiduría no solamente para compartir la carga del liderazgo con un Consejo de ancianos, sino también para protegerse a sí mismo no siendo su presidente. Ray no deseaba realizar esta llamada: "Hola Jim, soy Ray. Sé que eres voluntario y que a mí me pagan por estar allí, pero no estaré en la reunión esta noche, ¿de acuerdo? Grandioso. Me tengo que ir". No había manera de que sonara bien.

Tal vez le diga que estoy enfermo, pensó Ray. Seguro... ¿por qué no componer mi falta de liderazgo con una carencia de integridad también?

No, la única cosa para hacer era llamar a Jim y decirle la verdad. Decirle que cuando su pastor enfrentaba la decisión más dura de su carrera, descaradamente retrocedió y fue a un juego de béisbol.

"Qué perdedor" –Ray lo dijo en voz alta sin pensar.

El timbre del teléfono celular sonó como una alarma anunciando un recreo en prisión.

Ray miró el identificador de llamadas: Jim Benson.

"Grandioso. He sido atrapado. Solo contra la pared y estoy regresando" –pensó.

– Hola. Soy Ray –contestó.

– Ray, Jim Benson.

– Hola Jim, ¿cómo estás?

– Bien –dijo Jim–. Escucha, sé que esto es a último momento, pero he hablado con la mayoría de los muchachos del Consejo y parece que vamos a estar un poco escasos de asistencia esta noche.

– ¿Realmente, Jim? ¿Cuán escasos? –Un tenue rayo de esperanza destellaba.

– Bien, Rick Stevens estará allí, aunque él no está en el Consejo. Pero con él, parece que fueran dos.

"¿Dos?" La mente de Ray se apresuraba. ¿Cómo podía Jim ya saber que él no iba?

– Lo lamento, Ray –dijo Jim finalmente–. Sé que iba a ser una gran reunión, pero ha surgido algo y no puedo estar allí tampoco. Detesto esto, de verdad.

– ¿Quieres decir que no estará ninguno de los ancianos en la reunión? –preguntó Ray, tratando de disimular su alivio–. No lo creo.

– Lo sé, Ray. Hasta me avergüenza llamarme director del Consejo. Entendería si quisieras que renuncie.

– ¿Qué? Oh no, no quiero que pienses en eso –dijo Ray–. Nos reagruparemos para la reunión del próximo mes y cubriremos todo entonces. ¿Puedes hacerme un pequeño favor, Jim?

– Solo dilo.

– ¿Podrías llamar a Rick y decirle que posponemos la reunión?

Ray sabía que él debería hacer el llamado, pero no podía dejar pasar la posibilidad de aliviar la culpa de Jim.

– No hay problema. Lo llamaré tan pronto como terminemos –dijo Jim amablemente. Tan agradablemente que ahora Ray era el que se sentía culpable.

– Gracias nuevamente por entender Ray…, te hablo luego.

– ¿Qué clase de pastor sería si no fuera comprensivo? –dijo Ray, sorprendentemente sin sofocarse–. Te hablaré pronto.

Llevó un par de minutos hasta que el impacto completo de la conversación golpeó a Ray. No solo estaba logrando ir al gran juego de béisbol, sino también evitaba la lamentable situación de enfrentar una reunión difícil sin respuestas.

"Todavía necesito las respuestas –pensó–, pero pensaré en eso luego. Dios me ha dado un alivio, e intento tomarme la noche libre."

Ray nunca había estado más errado.

2

ARROJAR GOLPES

Era casi la hora del juego cuando Ray llegó al estadio. El tránsito estaba mal todavía y los deseos de ver el primer lanzamiento se desvanecían. Intentó llamar a Joe al teléfono celular, pero solo estaba su correo de voz.

"Espero que no decida faltar...", pensó.

Ray decidió no terminar el pensamiento, considerando el vuelco reciente de los eventos. En este punto el juego podía ser cancelado por lluvia y Ray, sin embargo, se consideraría un hombre afortunado.

Era extraño que el Consejo completo estuviera de repente ocupado. Más extraño, Ray pensaba, que un hombre crecido hiciera un giro en U a último momento para evitar la reunión que *él mismo* había convocado.

"Debo estar más confundido de lo que creo", admitió para sí.

Desacostumbrado al nuevo estadio, Ray le dio al asistente el pase de estacionamiento que venía con su tique.

– Esto es para el sector *gold*, señor. Doble a la derecha aquí y pase aquella puerta. Que lo pase muy bien.

Ray dobló en la puerta y de repente el tránsito desapareció. Iba por un carril despejado y en dos minutos estaba literalmente bajo la sombra del estadio. Ver el comienzo del juego era más prometedor. Otro empleado del estacionamiento le hizo señas para parar y se acercó al auto. "Seguro que me manda al sector más extremo", pensó Ray.

– Buenas noches, señor –dijo el hombre joven–. Bienvenido al estadio VisionTel. Con gusto estacionaré su auto. Por favor tenga este tique y le devolveremos el auto en este lugar cuando el juego termine.

"Joe debe tener mejores conexiones de las que pensé." Mirando los juguetes y las papas fritas desparramadas por el piso de su auto, Ray, apenas consciente le alcanzó las llaves al joven.

– Apuesto a que no estará acostumbrado a un paseo como este.

– No, señor. –El hombre joven sonrió.

– ¿Cuál es la mejor manera de conseguir mi asiento? –Ray le mostró el tique.

– Derecho por esa puerta. Solo muéstrele a la dama el tique, y ella lo conducirá.

Ray se abrió camino hacia la puerta que tenía un cartel que decía "Acceso restringido".

"Esto debe ser un error", pensó.

– Buenas noches, señor. ¿Puedo ver su tique?

Ray se lo dio a la dama en la entrada.

– Puede ser que esté en el lugar equivocado –explicó.

– Oh no, señor. Por favor, sígame. –Y ella lo guió hasta un corredor largo.

– No falta mucho –dijo ella mientras se aproximaban a otra puerta–. Aquí estamos.

Abrió la puerta y el sonido del campo de juego inundó el lugar. El bullicio constante de la multitud y la música del órgano en el sistema PA se fusionaba con el aroma de las palomitas, los maníes y la cerveza.

Ray se encontró en la sección al nivel del campo de juego.

– ¿Puedo ver su tique, señor? –una mujer asistente preguntó. Ray se lo mostró.

– Por aquí, señor.

Ray la siguió mientras lo llevaban hacia el campo y pasaba fila tras fila.

El pasto mullido estaba lo suficientemente cerca como para olerlo, y las voces de los jugadores podían oírse cuando se llamaban entre sí. Finalmente acomodado en uno de los últimos dos asientos que quedaban de ese lado. Un paso más y estaría en el campo del estadio.

– ¿Le puedo traer algo más, señor?

– ¿Hay más? –Ray respondió sin pensar.

La asistente sonrió como si estuviera acostumbrada a repartir simples mortales en el cielo del béisbol.

– Disfrute del juego –dijo ella–. Si quiere algo, un mozo traerá su orden.

"Un mozo traerá mi orden", pensó. "Y pensar que estuve a punto de perderme esto por una reunión de Consejo". El pensamiento de la reunión le recordó a Ray que había una dura realidad allí afuera que lo esperaba luego del juego. Una realidad justo ahora, con más preguntas que respuestas. "¿Por qué la vida real no puede ser como un partido de béisbol?", se preguntó.

– Perdón, perdón, pero no puedo llegar a mi asiento.

La voz sacó a Ray de sus pensamientos. Había estado tan abrumado por el entorno que no había oído al caballero la primera vez.

– Disculpe –dijo Ray.

– Oh, no hay problema. Es un lugar sorprendente, ¿no? –dijo el hombre mayor, se sentó y miró alrededor del parque.

Ray se dio cuenta de que no había más asientos libres cerca, y el que él creía que era para Joe, ahora estaba ocupado.

– ¿Está seguro que tiene la sección correcta? –le preguntó Ray como si siempre hubiera estado allí.

– Oh, si, bastante seguro –contestó el hombre–. Fila uno, asiento uno. Y usted es Ray, ¿no?

Ahora lo sublime se había convertido en surrealista. Servicio al cliente era una cosa, pero ahora Ray entraba a la zona oscura.

– ¿Nos conocemos? –le preguntó al hombre mayor.

– Mi nombre es Pete. Soy el amigo de Joe. Él me dijo que usted estaría aquí.

_ ¿Así que Joe no estará aquí esta noche?

– Bien, nunca se sabe con Joe. Él no le contó de mí, ¿no?

– Obviamente, no.

Ray no trató de esconder su confusión o su desengaño.

– Bien, espero que aun así disfrute el juego –dijo Pete–. Este debería ser un buen partido. ¿Qué hace para vivir, Ray?

Ahora Ray estaba un poco avergonzado por su respuesta a Pete.

– Yo soy… un pastor. En una iglesia cerca de aquí.

– ¿Un pastor? Creo que Joe mencionó eso. Aunque no me ha mandado un pastor antes. Esto puede ser interesante. Por supuesto, puede ser una pérdida de tiempo también.

– Lo siento pero, ¿se supone que sé de qué está hablando?

– No. ¿Le gustaría una salchicha o una cerveza? Oh, por supuesto que usted no quiere una cerveza. –Pete dijo riendo–. ¿Qué le parece una gaseosa?

– Si esta noche se pone extraña, puede que yo lo invite con la cerveza. Por ahora con una botella de agua sería espectacular.

Pete miró por sobre sus hombros e instantáneamente un asistente estaba allí para recibir la orden. Ray estaba impresionado por la atención inmediata que recibía este hombre inexpresivo. No es que algo estuviera mal con Pete. No había nada especial en él. Parecía tener alrededor de sesenta años. Un poco pasado de peso y pelado, con pelo gris. Sus ojos eran muy claros, como los de un hombre más joven.

– ¿A qué se dedica Pete? –finalmente preguntó.

– Oh, un poco de esto, un poco de aquello.

Ray no podía evitar pensar que la descripción de su empleo resumía su apariencia. El asistente trajo su orden.

– Aquí tiene, Sr. Harlan. ¿Puedo traerle algo más?

– No por ahora, Jenny, pero gracias.

"¿Pete Harlan? –pensó Ray–. *"Sé que escuché ese nombre antes, ¿pero dónde?"*

Un hombre joven salió del bunker y le alcanzó a Pete un par de binoculares.

Entonces comprendió.

– Usted es Peter J. Harlan. –dijo afirmando más que preguntando–. El equipo le pertenece.

– Eso escuché por allí –Pete contestó. Sin embargo, por estos lados, solo soy un fanático como cualquier otro. Excepto que obtengo los mejores asientos, ¿no lo cree?

De repente, todo cobró sentido. El estacionamiento, los asientos grandiosos, el servicio rápido. Joe insistiendo que fuera al partido. ¿Pero por qué? Joe era un buen amigo, pero tenía que haber algo más que esto.

– Sr. Harlan, puedo preguntarle...

– Pete. Llámeme Pete.

– Muy bien, Pete. Usted dijo que nunca antes le habían enviado un pastor. ¿Qué quiso decir?

– Lo captó ¿no? A veces mi boca pone el cambio antes de que mi mente presione el embriague. ¿Lo ve Ray?... Tengo pasión por crear organizaciones ganadoras. Lo he hecho en los negocios durante años. De hecho, por eso compré este equipo de béisbol. Disfruto ver a un grupo de gente trabajando juntos hacia una visión común, y he tenido algo de éxito haciéndolo.

– Es una subestimación –dijo Ray.

Harlan Enterprises era una de las corporaciones más exitosas en el área. Inmobiliaria, fabricación, proceso de datos y almacenamiento eran solo algunos de los mercados que él había dominado.

– Conozco su trayectoria, Sr. Harlan...

Pete elevó una mano para hacerlo callar.

– Soy Pete, ¿recuerda?

– Sé lo que me pidió que recuerde, Pete, ¿pero qué tiene esto que ver con que yo esté aquí?

– Bueno, de vez en cuando Joe me trae un líder joven que él siente que podría ganar algo de mi experiencia. Me gusta encontrarme con ellos y descubrir qué está pasando y entonces ver si puedo ayudar. Joe, obviamente, piensa que tengo algo que ofrecerle.

"¿Qué tal, una gran contribución para el fondo de construcción, habrá querido decir?". Lo puso nervioso estar sentado al lado de un hombre que podía terminar con todos sus problemas financieros por medio de un cheque. Ray decidió ignorar el hecho de que Joe pensara que podía usar algo de ayuda, pero no pudo sacarse tan rápidamente la duda de que este hombre de negocios pudiera ayudar a un pastor.

– ¿Así que soy el primer pastor que Joe le trajo? –finalmente dijo–. Bien, por lo menos veremos un buen juego.

– Parece inseguro del valor de nuestro tiempo juntos, Ray.

La expresión de Ray demostraba más de lo que había pensado.

– No es que no esté seguro, es que no sé si tiene usted una idea clara de lo que es liderar una iglesia.

– Bien, mientras tú lo sepas. –Pete contestó con una insinuación de sarcasmo.

Pete había visto esto antes. El primer paso era siempre el más difícil; que un líder joven reconozca que, antes que las circunstancias cambien, él tenía que cambiar.

– Me parece que el trabajo de iglesia es como cualquier otro negocio. Tiene un producto, tiene clientes y tiene vendedores. La única diferencia es que tiene a Dios de su lado, y eso lo debería hacer más fácil, ¿correcto?

– Usted pensaría eso, ¿no? –dijo Ray–.

Su visión de una noche libre, relajado, comenzaba a esfumarse. La última cosa que quería pensar era en su inhabilidad para llevar adelante a su iglesia, hasta con la ayuda de Dios. Pero antes de que pudiera decir algo, Pete rompió el silencio.

– ¿Por qué no me cuenta algo de su iglesia, Ray?

Así que Ray le contó rápidamente algo de la iglesia Comunidad Meadowland. Habló de los años de crecimiento, la variedad de ministerios y los medios de crecimiento. La atmósfera de familia sonaba casi demasiado buena para ser verdad. Y algo de eso era. Obviamente, Joe pensó que había cosas para mejorar, pero Ray podría hacerlo sin la ayuda de Pete. Después de todo, por qué debería compartir sus conflictos con un hombre que apenas conocía y quien, obviamente, no tenía idea de los conflictos.

– Suena como un gran lugar, Ray. No puedo imaginarme por qué Joe quería que nos encontremos –dijo Pete.

– Yo me preguntaba la misma cosa –Ray trató de no parecer demasiado defensivo.

– Bien... ¿por qué no nos relajamos y miramos el juego? Si le parece bien, puedo ofrecerle algunas ideas mientras la noche avanza.

– Ese es su juego –dijo Ray, sin apreciar del todo la ironía de la oración.

– Lo es, ¿no es cierto? –dijo Pete–. Ray. Necesito que me haga un favor.

– ¿Qué?

– En un momento va a venir un hombre con una pelota de béisbol. Necesito que la lleve al montículo y se la arroje al receptor.

– Qué quiere... ¿qué? –exclamó Ray– ¿Quiere que arroje el primer lance?

– Llámelo un privilegio de dueño, pero sí, eso quiero. Pero, una cosa más, Ray: quiero que haga un *strike*[1].

Antes de que Ray tuviera tiempo para pensar en ello, un hombre vistiendo la camiseta del equipo se acercó y le entregó un sombrero y una bola nueva. Habían pasado años desde que Ray había tenido una en su mano, habiéndose graduado con *softball*, un deporte más suave y apropiado para la edad. Sintió las costuras entre sus dedos mientras comenzó a decidir dónde lanzaría. Una bola rápida tomada por las costuras parecía la elección obvia, ya que era la única que Ray sabía cómo arrojar. Deslumbrado, se encaminó al montículo y su nombre e imagen aparecieron en el tablero de puntajes. La multitud se oyó un poco más fuerte, anticipando el comienzo del juego y la posibilidad de que este hombre desconocido, en pantalones y camisa abotonada, saltara y lanzara.

"¡Este juego está en ESPN!" –la mente de Ray gritó mientras se paraba en el montículo. *"Un solo error y aterrizaré en el SportCenter Hall de la vergüenza"*. Como si fuera una película en cámara lenta, el *catcher*[2] se agachó detrás de la base e hizo señas a Ray para que tirara la bola. Sin pensar y sin estirarse extendió sus brazos e hizo lo mejor al estilo John Smoltz. Miraba mientras la pelota se agitaba con una velocidad no-Smoltz hacia el *catcher* y cayó prolijamente en el guante del receptor. La multitud gritó, tanto por alivio de que el juego empezara, como también por la buena tarea de Ray.

Ray, por otro lado, se agrandó. Saltó el montículo y se sacó su gorra en un gesto de aprecio. Saludó al receptor y, después de una foto obligatoria que Ray colgaría de la pared de su oficina para siempre, se dirigió a su asiento.

– Nada mal –Pete le dijo cuando Ray llegó–. No estaba seguro si tenía un entendimiento claro de lo que implica arrojar una pelota.

Ray entendió el punto inmediatamente y decidió aceptar la crítica leve sin comentarios. Después de todo, era el invitado y había arrojado un *strike* en "El show".

3

MANTENER EL RESULTADO

– Ray, ¿cuál era su objetivo cuando se dirigía al campo? –preguntó Pete.

– Bien, aparte de no caerme y no hacer el ridículo, supongo que era arrojar un *strike*.

– ¿Por qué?

– Por que usted me lo pidió

– Y lo hizo, ¿no?

– Sí, creo que sí.

– ¿Cómo se siente?

– Bastante bien, supongo.

Ray no estaba seguro hacia dónde apuntaba esto, pero deseaba que Pete no fuera uno de esos "pensadores positivos" quienes hablan de visualizar la paz mundial. En ese momento Ray visualizó una salida fugaz al estacionamiento si la conversación se ponía demasiado extraña.

– Es algo gracioso, Ray. A la gente le encanta ganar.

Ray buscaba la galleta de la fortuna que le había dado Pete dentro de ese tesoro.

– Ray, ¿cuándo fue la última vez que dejó una reunión sintiendo lo mismo que cuando dejó ese montículo hace apenas un momento? ¿Cuándo fue la última vez en la iglesia?

Ray estaba asombrado. Quería decirle a este billonario pomposo y despreocupado exactamente lo que pensaba... el problema era que Ray no sabía qué pensar. Solo sabía que hacía años que no sentía esa clase de excitación en su ministerio.

– Está bien, Ray. La verdad es que yo lo arreglé. Sé que es un truco desagradable, pero funciona siempre. El problema es que ahora está pensando que no es un ganador, pero ese no es en realidad su problema.

Confundido pero curioso, Ray preguntó:

– Entonces, ¿cuál es mi problema?

– Cuando fue a ese montículo, fue a arrojar un *strike*, ¿correcto?

– Correcto.

– Usted sabía que para ganar había que arrojar un *strike*. Su problema es que no sabe qué es un éxito en la iglesia, ¿no?

– Bien –Ray comenzó a decir lentamente– son un montón de cosas. Es una buena reunión el domingo a la mañana y un buen programa para los niños. Son misiones y música... y un montón de cosas que son un poco más complicadas que arrojar una pelota de béisbol.

Pete podía ver la frustración de Ray en aumento.

– Tienes razón, el éxito en la iglesia es más complicado, así que saber a qué se parece el éxito es muy importante. ¿Qué ve allá arriba a la derecha, justo arriba del cartel publicitario?

– El tablero de puntuación.

– Correcto. Justo ahora solo hay ceros allí, pero ¿qué va a suceder cada vez que nuestros jugadores crucen el cuadrangular?

– Ganaremos una anotación.

– Exacto. Y la anotación irá al tablero. Y estaremos adelante, y toda esta gente gritará.

– Pero no tenemos un tablero en el santuario, y el único plato que tenemos es el plato de ofrendas. Y puedo asegurarle que nadie aclama cuando lo pasamos.

Pete se rió.

– Recuerdo la iglesia. El punto es: Ray, necesita saber cuándo se gana y su gente necesita saber cuándo gritar. Ese es el primer paso: clarificar el objetivo. No hay un jugador en ese campo de juego en este momento que esté confundido acerca de su objetivo. Existe la posibilidad de que no lo alcancen, pero saben cuál es. Si se le entrega a gente buena un objetivo claro, entonces la mayor parte del tiempo trabajarán mucho para lograrlo. Pero si el objetivo no es claro, están obligados a adivinar o, peor, a decidir por sí mismos qué es realmente un objetivo.

Práctica n° 1:
Clarificar el objetivo

– La verdad del asunto es que con o sin objetivo, van a trabajar duro para llegar a algún lado. Ahí está el sentido de ser líder… ellos lideran. La pregunta es… ¿Llegan a donde usted quiere que vayan?

Ray pensó en Rick Stevens. Rick era líder, y lo estaba guiando a Ray directo a un empleo no deseado como director de una escuela. Ray, sin embargo, nunca había pensado esto con culpa. Era más fácil culpar a Rick y enfocarlo en sus motivaciones ulteriores. Podía ser que Rick Stevens estuviera dirigiéndose en una dirección hacia donde nadie le advirtió que no fuera.

Ray tenía que admitir que era difícil decir cuándo las cosas andaban bien en la iglesia. Programas múltiples significaban problemas múltiples, y se necesitaban soluciones. Se creaban aun más dificultades cuando la solución en un área causaba problemas en la otra.

— Entonces ¿cómo se hace? –preguntó–. ¿Cómo se clarifica la victoria?

— Pregúntese a usted mismo… ¿cuál es la cosa más importante? Y comenzará a estar claro. Para nuestro equipo, es ganar partidos. Seguro, estoy aquí para ganar dinero, pero la manera más fácil para obtenerlo en el béisbol es ganando. Así que ¿cuál es para usted, Ray? ¿Qué es lo más importante?

Pete pensó que sería un buen momento para respirar profundo e ir por una salchicha. Se acercó hasta el asistente y con solo mover la cabeza ordenó "lo de siempre", para su invitado y para él. Los dos hombres se sentaron y miraron cómo el equipo local se adueñó del campo de juego y el juego comenzó.

— Vidas cambiadas –dijo Ray finalmente.

— ¿Qué, Ray?

— Me preguntó cuál era nuestro objetivo. Es una vida que ha sido cambiada… ese es un objetivo.

— Bien, ahí va. Ray, por lo que me dijo, las cosas van bastante bien en su iglesia. Si gusta, podemos sentarnos nuevamente y disfrutar del juego.

Ray no estaba seguro de lo que acababa de suceder, pero sabía que no disfrutaría el juego. Por supuesto que un cambio de vida era el objetivo; había sido llamado para hacer discípulos. Eso no era nuevo para Ray. Sus dudas originales acerca del valor de esta conversación comenzaban a elevarse nuevamente.

— Usted dijo que clarificar el objetivo era el primer paso. Pero… ¿cuántos pasos hay?

— Siete –dijo Pete mientras miraba la acción en el campo de juego.

— Pero ellos no son todos pasos. Piénselos como *prácticas*.

— ¿Siete prácticas? –Ray preguntó.

– Siete prácticas para negocios efectivos; o en su caso, supongo, un ministerio efectivo. He visto funcionar estas siete prácticas en una variedad de situaciones y, aparentemente, Joe piensa que pueden ayudar, también. Pero como dije, no hay problema si solamente quiere ver el partido y disfrutar la noche.

Era música para los oídos de Ray. Una linda noche tranquila era todo lo que realmente quería. Ray estaba tan sorprendido de oírse a sí mismo diciendo:

– Si la primera práctica es *clarificar el objetivo*, ¿cuál es la segunda?

MANTENER LA BASE[1]

Pete había aprendido a reconocer esa mirada de desesperación en los ojos de un joven líder. La mirada que dice: *"Puede ser que no sepa qué estoy haciendo, pero me interesa descubrir el porqué"*.

– Bien, una vez que ha clarificado el objetivo, tiene que descubrir la mejor manera de llegar allí. Y para usted, ahí es donde se pone realmente práctico. Puede permanecer en la teoría de una vida cambiada como objetivo, y las vidas no cambiarán. O puede imaginar dónde y cómo sucede un cambio de vida, y llevar allí a su gente.

– ¿Qué quiere decir? –preguntó Ray.

– Como dije antes, el objetivo en el béisbol es llegar a la primera base. Allí es donde sucede todo lo bueno. Usted tiene que decidir dónde puede suceder algo así. ¿Es en la reunión del domingo o en otro lugar? Una vez que sepa dónde es, entonces tiene que realizar los pasos necesarios para llegar allí.

– Pete –interrumpió Ray–. Odio interrumpir nuevamente, pero estaba planeando ver el juego esta noche, no tomar notas.

– Mire, hijo, dije que podíamos ver el juego, pero usted me preguntó cuál era la segunda...

– No, no es eso –dijo Ray–. Me preguntaba si tenía algo para anotar estas cosas.

Pete sonrió.

– Seguro, no hay problema.

Pete se acercó al asistente y tuvo sin demoras un anotador con el logotipo del equipo

– Como estaba diciendo –continuó Pete–, en el béisbol el primer paso es llegar a la primera base. Es el primer paso para cualquier bateador. Él último objetivo es llegar al campo local y anotar, pero no puedes hacer eso sin lograr lo primero. ¿Ve ese hombre llegando al disco ahora? –preguntó.

Ray reconoció el jugador oponente.

– Sí.

– Él es uno de los mejores bateadores y más rápidos corredores. Es por eso que está por encima de los de su formación. Su objetivo es avanzar primero. Luego debe encontrar una manera, con la ayuda de su equipo, de llegar al segundo, al tercero y finalmente al campo local.

"Gracias por aclarar eso", pensó Ray.

– Esto no es ciencia de las naves espaciales, Ray. Todo lo que digo es que tienes que determinar la mejor manera de cambiar vidas y dar un paso a la vez. En otras palabras, pensar en pasos, no en programas.

– Pero hay un montón de maneras de cambiar vidas efectivamente –dijo Ray defensivamente.

Estaba pensando en el calendario semanal de eventos de la iglesia: reuniones del domingo a la mañana, escuela dominical, reunión del domingo a la noche, visitas del lunes a la noche, reunión de oración los miércoles a la noche, reuniones de liderazgo, ligas de recreación y ahora, agregado a todo esto, el proyecto de una escuela.

– Los programas llevan a un cambio de vida –dijo finalmente.

– Ellos pueden conducir a un cambio de vida o pueden convertirse en un modo de vida –ofreció Pete–. La tendencia en los negocios, o en el trabajo de la iglesia para con este asunto, es confundir actividad con progreso. Nosotros pensamos que solo porque la gente está ocupada y haciendo un montón de cosas estamos teniendo éxito. El asunto es que, si toda esa actividad no nos lleva hacia donde queremos ir, es tiempo desperdiciado. Lo ve, Ray. No es suficiente clarificar el objetivo si no está claro cómo llegar, o peor si es imposible hacerlo. De hecho, usted frustrará más a las personas si les da una clara visión sin una estrategia para alcanzarla.

Práctica n° 2:
Pensar en pasos, no en programas

– Así que ¿qué hace un buen paso?

– Tiene que ser fácil, obvio y estratégico –dijo Pete.

Ray levantó su mano para detener a Pete mientras escribía enérgicamente en su anotador.

– ¿Qué significan esos términos?

– Si no es fácil hacerlo para las personas, entonces no lo harán. Puedes culparlos de falta de compromiso si quieres, pero en último término es tu culpa por esperar demasiado de ellos. Aprendí eso hace un tiempo con mis proveedores de Internet. Una de mis compañías trató de elevar sus ventas, pero el esfuerzo fue en vano. Resultó que la gente quería comprar *on line*, pero nuestro proceso era tan difícil que la mayoría de nuestros compradores abandonaban en el medio de la transacción. No fue fácil.

– Pero algunas veces las cosas que son valiosas no vienen fácilmente –contestó Ray.

– Es por eso que se dividen en pasos que son fáciles. De esa manera obtenemos la posibilidad de lograr un objetivo. Segundo, un buen paso tiene que ser obvio, o su gente puede ir por el camino equivocado. Esto es como clarificar el objetivo en cada paso. Usted no quiere que ellos anden adivinando dónde esta la segunda base. Y finalmente y lo más importante, tiene que ser estratégico. En otras palabras, es parte de una estrategia para mover gente de un lado a otro, de la primera base a la segunda, a la tercera y luego a campo local. En su caso, de un lugar de sus vidas a otro. Si un programa no es un paso que es parte de una estrategia, entonces puede desperdiciarse un montón de tiempo y dinero, y en su caso, vida.

– No creo que hayamos comenzado ningún programa malo todavía –dijo Ray, tratando de no estar a la defensiva.

– Ese es el problema, Ray. Generalmente son las cosas buenas las que cambian el objetivo.

Ahora Ray tenía dolor de cabeza.

– Ray, ¿se acuerda de Johnny Tuminello?

– ¿El popular hombre de base? Seguro. Todavía no puedo creer que lo dejó ir.

– ¿Ir? Lo transferí a propósito.

– ¿Por qué? ¡Era grandioso! Cuarenta y dos corridas a campo local y en lucha por el título, si recuerdo correctamente.

– Oh, sí lo recuerda correctamente. Lo que no sabe es que él estaba más preocupado por su situación personal y con respecto al mercado, que de lo que estaba del éxito del equipo. Era un gran jugador, pero no lo era para el equipo. De la misma manera, puede brindar programas que lucen grandiosos por fuera, pero sin estrategia no llegará donde quería. Es como el viejo aforismo que dice que una inundación es solo un río que no puede decidir adónde ir.

Ray tenía que admitir que nunca había pensado en el ministerio en esos términos. Había hecho lo que siempre había visto que se hacía, de la misma manera que se había hecho siempre. ¿Cómo era una estrategia para cambiar vidas? ¿Qué pasos faltaban? ¿En cuáles tropezó sin ni siquiera saberlo?

5

PERMANECER ENFOCADO

– De acuerdo, primero clarificar el objetivo; luego pensar en pasos, no programas. ¿Y ahora qué?

– ¿No preferiría ver el partido, Ray?

– Me habría encantado, pero arruinaría mi noche si no aprendo el tratamiento completo –dijo Ray sonriendo.

– Muy bien, usted lo pidió. La práctica tres es esta: delimitar el objetivo. Con esto quiero decir, que no debería tratar de hacer todo, sino que debería hacer unas pocas cosas, pero bien hechas.

– Correcto. Pensar en pasos, no programas. Ya cubrimos eso –dijo Ray.

– Aprende rápido. Hay similitudes, pero afinar el objetivo es... bien, es más enfocado. No tratemos de hacer algo que no fue creado para hacerlo. ¿Ve a ese tipo de allá? –Pete preguntó señalando al montículo.

– ¿El *pitcher*[1]? –preguntó Ray.

– Sí, él es uno de mis favoritos.

– ¿Sabe cuánto le pago cada año?

– No.

– Bien, en sus términos supongo que serían dos santuarios y cerca de veinte mil pies cuadrados de espacio para guardería de niños.

– ¿Todo eso, eh?

– Sí. ¿Sabe cuál fue su promedio de bateo el año pasado?

– No.

– 0,94... Le pagué a un hombre más de catorce millones de dólares y obtuvo éxito al batear menos del diez por ciento del tiempo. No creo que haya tenido un productor de carrera en toda la temporada. Pero puede arrojar la pelota a extraordinaria velocidad sobre cualquier esquina del plato. ¿Entiende mi punto?

– Tengo el presentimiento que estoy a punto de hacerlo.

– Los *pitcher* no necesitan golpear bien, sino lanzar bien. Cada paso que se crea tiene que funcionar para eso y nada más. Concentrarse permite lograr la excelencia, alcanzar el objetivo. Puedes arruinar un gran *pitcher* tratando de lograr en él un bateador, y puedes arruinar una iglesia...

– ...por hacer que una escuela que surja de ella –Ray dijo sin pensar.

– ¿De dónde vino eso? –preguntó Pete.

– De algo que he estado pensando mucho últimamente.

– Joe dijo que estabas enfrentando algunos desafíos fuertes, pero no dijo qué eran –dijo Pete.

Ray había olvidado el involucramiento de Joe en todo esto. ¿Es por eso que consiguió las entradas para el partido, para demorar la decisión de la escuela? *"No –pensó Ray–, él no pudo saber con seguridad que yo sería capaz de hacerlo esta noche. De todas maneras, fue el Consejo de ancianos quien canceló la reunión".*

– Ray, ¿me sigue?

– Oh, lo lamento. Estoy un poco distraído. ¿Así que usted no cree que una iglesia debería comenzar una escuela?

– Yo no dije eso. Lo que dije es que puede arruinarse una cosa por tratar de hacer otras cosas. Babe Ruth ingresó a la gran liga como *pitcher* y fue bueno. ¿Qué cree que habría pasado si se concentraba en su velocidad?

– ¿Buen *pitcher*, pero sin récord en cuadrangular?

– Probablemente. Ahora puede ser que Babe no ganara trescientos juegos y no lograra setecientos cuadrangulares, pero no es muy posible. La pregunta es, ¿quieres tener una gran iglesia o una gran escuela? Porque las posibilidades de obtener ambas son las mismas que Babe.

Práctica n° 3:
Reducir el enfoque

Ray pensó en esto por un minuto. Siempre había creído que podían tener una gran iglesia y una gran escuela. Pero lo que Pete decía tenía sentido. Tenían que elegir. Cada minuto que usaran para la escuela se lo restarían a la iglesia.

– Delimitar el objetivo parece ser restrictivo –dijo Ray finalmente–, pero cuando uno piensa en esto, realmente se libera para hacer más. Solo se hace una cosa realmente bien.

– Ahora lo está entendiendo.

– Es más que delimitar el objetivo –dijo Ray–. Para mí, personalmente se clarifica el objetivo. Dios me llamó para comenzar una iglesia, no iniciar una escuela. Mi objetivo es la iglesia.

– Eso es genial, Ray. Cuando estas prácticas funcionan juntas, cuando no tiene visiones que compiten o propósitos paralelos, hay una simplicidad y eficiencia refrescante en su organización. La práctica número cuatro es realmente una extensión de la idea.

ENSEÑAR LOS
FUNDAMENTOS

– No tengo cómo decirle que no sé un montón de cosas sobre cómo llevar adelante una iglesia –dijo Pete–. Pero como pensé acerca de la reunión con usted esta noche, esta práctica siguiente es la que he deseado que muchos predicadores intenten probar. La llamo: Enseñar menos por más.

– ¿Enseñar menos por más? –preguntó Ray–. ¿Está usted diciendo que necesitamos sermones más cortos?

– Bueno, probablemente no haría nada mal. Pero no, no es lo que significa. En mi carrera de negocios he encontrado que la gente confunde la cantidad de información dada, con la calidad de la implementación en el lugar de trabajo. Creen que cuanto más les digo, lo harán mejor. Pero aprendí una lección de negocios importante al ver a mi equipo de béisbol.

– ¿Cuál es? –preguntó Ray, mientras se daba cuenta por primera vez que quería realmente saber.

– Los jugadores de béisbol realmente solo necesitan saber unas pocas cosas para hacer su trabajo. Necesitan saber cómo arrojar una pelota, atraparla, golpearla y correr como locos. No importa qué le digamos, si no sirven en una de esas categorías, entonces realmente no sirven. Por ejemplo, ¿ve al hombre jugando en la segunda base?

– ¿Rafael Ortega?

– Sí, correcto. Él no habla una sola palabra en inglés. Pero puede convertir un juego doble como nadie más en la liga, y es un gran bateador. Mi personal puede esforzarse enseñándole inglés de manera que aprenda la estrategia oficial del béisbol, sin mencionar la estrategia comercial para llevar adelante el equipo, pero no lo haría un mejor hombre de segunda base. Muy bien. Le dije que estaban conectadas, pero es algo diferente. Delimitar el objetivo es hacer una cosa y bien. Enseñar menos por más tiene que ver con la información que comunica a su gente. Es por eso que surgió de mí cuando pensé que íbamos a encontrarnos. Fui a la iglesia toda mi niñez y.... ¿sabe qué aprendí?

– ¿Qué?

– Ni una sola cosa. Sé que oí un montón de cosas acerca de Dios, pero no recuerdo ninguna de ellas.

– Quizás no tuvo buenos maestros.

– ¿Cuán bueno tiene uno que ser para enseñarle una cosa a un niño? No, el problema no era que no podían enseñarme una cosa. El problema fue que trataran de enseñarme todo. Cada semana era una historia diferente, y una lección diferente con un dibujo diferente. Todo lo que sabía es que si me sentaba allí tranquilo, obtendría una galleta al final.

– Entonces sí que aprendió algo –dijo Ray con una sonrisa–. Ya veo su punto. Tendemos a pensar que es mejor más, cuando en realidad, más es solo *más*.

Ray pensó sobre esto por un minuto.

– ¿Qué tal si lo reducimos hasta lo básico? Ya sabe, golpeando y atrapando. O en nuestro caso amando a Dios, amando a otros y amándose a usted mismo.

– Pero no olvide delimitar el objetivo –dijo Pete–. Tenemos que concentrarnos en los jugadores de béisbol. Usted tiene que tomar esas cosas básicas y concentrarse en los niños, adolescentes y adultos. No todos necesitan saber las mismas cosas.

– ¿Está seguro que nunca se hizo cargo de una iglesia?

– Me salí corriendo de una, que no es lo mismo. ¿Eso cuenta? –Pete rió–. Todo está en darle la información correcta a la gente correcta en la posición correcta. Es por eso que tenemos entrenadores en el campo durante el juego. No se puede esperar de un jugador que está bateando o corriendo de base en base, que esté atento a la estrategia del juego. Así que tenemos un entrenador de primera y tercera base dándole al jugador continuamente información para que tenga éxito. Sin mencionar otro grupo de entrenadores y un director que pone a los jugadores en la posición correcta. Como líder de la organización, ese es su trabajo también.

Práctica n° 4:
Enseñar menos por más

El partido continuaba, aunque Ray apenas se daba cuenta. La excitación del juego, los asientos a nivel del campo y el trato VIP habían comenzado a ser reemplazados por una excitación que Ray no había sentido hacía rato. Su mano le dolía mientras escribía las visiones de Pete, como así también sus propias ideas de cómo implementarlas. Los problemas que lo habían atormentado antes comenzaban a verse como desafíos. ¿Significaba esto que tenía que comenzar desde cero? ¿Creerían todos en la iglesia que había perdido la cabeza cuando comenzara a hablar de clarificar objetivos y enseñar menos por más?

– Pete, ¿podemos hacer un repaso solo por un segundo? Quiero estar seguro que estoy entendiendo todo esto.

– Seguro, ¿por qué no me lee lo que tiene, y yo agrego lo necesario si es que hay ideas incompletas?

– Correcto –dijo Ray mientras miraba sus notas–. Práctica uno es clarificar el objetivo.

– ¿Y el punto? –preguntó Pete

– Si se le da a la gente un objetivo claro, es más posible que lo alcancen.

– Bien. ¿Y número dos?

– Piense en pasos, no programas. Porque no debería comenzar algo que no lo lleva a donde quiere ir.

– ¿Número tres? –preguntó Pete.

– Reducir el enfoque.

– ¿Por qué?

– Porque si trata de hacer todo, terminará sin nada.

– ¡Excelente!

Hasta Pete se estaba entusiasmando ahora.

– ¿Y número cuatro?

– Enseñar menos por más, porque todos no necesitan saber cada cosa. Es más importante obtener la información correcta para la gente correcta.

– Es un buen estudiante, Ray. ¿Es todo esto aplastante o provechoso? –preguntó Pete.

– ¿Pueden ser ambas cosas?

– Sí –sonrió Pete–. Esto puede ayudar a pensar en las primeras cuatro prácticas como una manera de conservar su organización alineada.

– ¿Alineación?

– ¿Ha manejado un auto desalineado alguna vez?

– Por supuesto.

– ¿Qué sucedía con el auto?

– Bueno, tiraba para un lado y estaba duro para ser manejado.

– Exactamente. De la misma manera, una iglesia o un negocio necesitan estar en alineación, o puede ser sacado de curso y es difícil de manejar. Pero si clarifica el objetivo, establece pasos claros y delimitados para lograr ese objetivo, y transmite la información correcta a la gente adecuada, entonces las posibilidades son que usted estará alineado y acercándose a la dirección correcta.

– Es divertido –dijo Ray finalmente–. He elegido a las personas correctas instintivamente, he sido muy afortunado con ciertos líderes. Este hombre quien lidera el Consejo de ancianos...

– ¿Jim?

– Sí, Jim. Él es un gran líder para ese rol. Es estable y equilibrado y ... ¿cómo sabía que se llama Jim?

Por primera vez Pete fue el que se quedó sin palabras. La extraña mirada en su cara fue suficiente para decirle a Ray que sucedía algo.

– ¿Qué sucede Pete? –preguntó Ray.

– Bueno, puede usted saberlo. ¿Ve ese palco sobre el cartel de Coca-Cola?

– Sí.

– Mire con mis binoculares.

Confundido, Ray elevó los binoculares y, después de un momento, los ubicó. Sentados allí, con aire acondicionado, estaban, Joe Dickinson, Jim Benson y todo el Consejo de ancianos de la iglesia de Meadowland.

– Es fácil ver cómo las teorías de conspiración comienzan, ¿no? –Pete sonrió–. No se lo tome como algo personal. La mayoría de ellos no sabe que usted está aquí abajo conmigo. Están allí arriba sintiéndose culpables de perderse su reunión.

– Oh sí –dijo Ray mirando por los binoculares–. La culpa está plasmada en sus caras sonrientes y con mostaza.

Ray estaba a punto de hacer un comentario acerca de la falta de compromiso, cuando recordó el alivio que sintió cuando Jim lo llamó para cancelar la reunión. En realidad, Ray no estaba seguro qué pensar. No sabía cuál era el motivo del Consejo. ¿Estaban aliviados de perder la reunión o solo felices de ir a un gran partido? Todo lo que sabía era que estaba feliz de evitar la reunión, y que su tiempo con Pete había sido muy productivo. Que tenía que dejar a Pete afuera de esto, pero era bueno ver a un hombre poderoso como él un poco a la defensiva.

– Para ser honesto con usted, Pete, nadie fue más feliz que yo al posponer la reunión.

– ¿Por qué, Ray? ¿Por qué le temía tanto a esa reunión?

Ray sabía la respuesta, pero decirlo era más duro que pensarlo. *"Porque sabía que no tenía las respuestas a las preguntas que se harían. Supongo que Joe y Jim lo sabían también."*

– ¿Y ahora? ¿Están las cosas más claras o prefiere parar y disfrutar del juego? –preguntó Pete sinceramente.

Aunque Ray odiara la idea, tenía que admitirlo, estaba equivocado con respecto a Pete. ¿Cómo podía un hombre entender tanto acerca de llevar adelante una iglesia, sin ni siquiera ser miembro, con escasa asistencia a cualquier otra, hasta donde supiera Ray?

– Bueno –comenzó Ray–, ¿por qué no seguimos adelante y terminamos?

– Por eso estoy aquí. Pero le advierto, las últimas tres pueden ser las más duras.

– Ahora, solo está tratando de asustarme –bromeó Ray.

EL RUGIDO DE LA MULTITUD

– **Las primeras cuatro prácticas** son todas acerca de lograr cambios en la organización –comenzó Ray–. Las últimas tres requieren un cambio personal del líder, y algunas veces eso es más difícil.

– ¿Cuál es la práctica número cinco? –preguntó Ray, listo para escribir.

– Número cinco es escuchar a los demás.

– ¿Escuchar? –Ray respondió–. No quiero ser arrogante, Pete, pero escuchar es algo que hago bastante bien. De hecho, paso la mayoría de mi tiempo escuchando.

– Sí. Pero escucha los problemas y provee las soluciones. Hablo de escuchar a *la gente de afuera* de la iglesia, para respuestas, no preguntas.

Ray pensó acerca de esto con tranquilidad. No estaba listo para rendirse en este punto aún. Pete rompió el silencio.

– Ray, déjeme preguntarle algo, y sea honesto conmigo y con usted mismo. Cuando se dio cuenta que un hombre viejo de negocios quien no se ha arrimado a la puerta de la iglesia por cincuenta años, estaba por darle ideas de cómo manejar su iglesia... ¿cuál fue su primera reacción?

Ray se rindió. Avergonzado, admitió su primera reacción ante Pete.

– ¿Qué puede decirme este hombre acerca de cómo manejar una iglesia?

– No sería normal si no hubiera pensado eso. La mayoría de las personas que llevan adelante una organización, piensan que saben qué es mejor para la misma, y la mayoría del tiempo así es. Pero si no está dispuesto a escuchar a *los de afuera*, puede perder una gran idea o la oportunidad de obtener ganancias. Y por lo que sé, las ganancias son una gran cosa en su línea de trabajo.

– Entonces, ¿cómo consigo la entrada de información de *los de afuera*? –preguntó Ray.

– Pregunte y luego escuche. Hace cincuenta años el béisbol se jugaba durante el día. Algunos se dieron cuenta que si el interés en el juego iba a subir y las ganancias también, teníamos que ganar más fanáticos. Junto con eso, vino la televisión y la oportunidad de alcanzar más fanáticos. Pero la gente mira la televisión a la noche, así que 'béisbol en ese horario' fue la respuesta. Más tarde, un montón de gente vendría a un juego o dos, pero sentían que el juego mismo era demasiado lento o aburrido. El punto es, oímos lo que nos decían *los de afuera* y nos ajustamos a eso. Si nos guiáramos por *los de adentro*, los puristas, estaríamos aún jugando partidos durante el día.

– Entonces ¿de quién fue la idea del cambio? –preguntó Ray.

– ¿Cómo?

– El cambio de hace unos años. ¿A quiénes *de afuera* estaban escuchando cuando aparecieron con esa idea?

Ray sabía que caminaba sobre hielo delgado, pero también sabía que su profesión no era la única que podía ser vista desde adentro.

– Bien, eso fue antes de que me involucrara con el juego, pero tiene razón. No escuchamos a los fanáticos, y perdimos algunos de ellos.

Ray decidió aliviar la tensión.

– No tiene que decirme acerca de *los de adentro*. Las iglesias están llenas de ellos –dijo, recordando algunos llamados que había recibido los últimos años cuando trataba de hacer algo nuevo–. Lo cómico es que la mayoría de ellos comienzan siendo *los de afuera*.

– Y eso conduce a una de las principales razones por lo cual hay que oír a los de afuera. Si no lo hace será molestado por las quejas y demandas de *los de adentro*. Y por último, su parte del mercado será disminuida. Y en su línea de trabajo, hay más en juego que negocios.

– Pete, si no lo conociera mejor, diría que está de nuestro lado.

Práctica n° 5:
Escuchar a los de afuera

– La pregunta que tiene que contestar es: ¿qué puede aprender de la gente a la que trata de alcanzar? Si los observa y los escucha, ellos le dirán lo que piensan y quieren. Entonces solo tiene que descubrir cómo usar esa información. No esté tan preocupado en conservar esos amigos que tiene como para llegar a descuidar a los que trata de alcanzar.

– ¿Por qué piensa que esta práctica es más difícil que las cuatro primeras?

– Porque tiene que admitir que no tiene todas las respuestas. Y eso conduce a la conclusión incómoda de que debe haber alguien más allí afuera, que pueda hacer su trabajo mejor que usted. Ese es un lugar desagradable para estar, a menos, por supuesto, que llegue hasta allí a propósito.

– ¿A propósito?

– Correcto. La práctica número seis lo llevará allí a propósito.

– En ese caso, paremos en la número seis –dijo Ray, inseguro si estaba bromeando o no.

DESARROLLAR NUEVOS TALENTOS

– Podemos parar en la práctica número cinco y su organización durará un largo tiempo. O podemos seguir a la número seis y su organización durará para siempre.

El comportamiento de Pete decía que esta era menos una opinión y más un hecho.

Ray sabía que tenía que descubrir cuál era la práctica número seis, solamente que no sabía si le gustaría cuando la encontrara. A la defensiva preguntó:

– De acuerdo, entonces ¿cuál es la número seis?

El tono de Pete se volvió más serio.

– Si quiere que su iglesia pase la prueba del tiempo, entonces usted tiene que ser reemplazado.

Las palabras golpearon a Ray como una pelota veloz a cien kilómetros por hora. ¡Así que ese era el punto de la noche!

Por esto Jim y Joe y el Consejo de ancianos, entero, estaban tan dispuestos a perderse la reunión y venir al estadio. Ray pudo sentir la emoción que brotaba en su interior. ¿Por qué pasar por esta farsa cuando en realidad el trasfondo era que estaba afuera como pastor? ¿Por qué las siete prácticas? ¿Por qué el trato especial? ¿Por qué no solamente una reunión rápida y luego mostrarle la puerta? Hablando de la puerta, Ray comenzó a buscar nuevamente la salida más rápida del estadio.

– ¿Ray? Ray, ¿está aún conmigo? –preguntó Pete.

– No por mucho más, aparentemente –contestó rápidamente Ray.

– ¿De qué habla?

– Hablo de ser reemplazado. Pero, honestamente, pensaría que Jim y el comité tendrían la decencia de hacerlo ellos mismos y no dejar que un extraño lo haga.

Lo divertido es que Ray en realidad no veía a Pete como un extraño. Lo había conocido por un poco más de dos horas y, sin embargo, lo veía como un amigo.

– ¡Espere un minuto! Cálmese un poco. Nadie lo está reemplazando.

– Usted recién dijo que yo sería reemplazado.

– No, no lo hice. Dije que si quería que su iglesia pase la prueba del tiempo, tiene que ser reemplazado.

Por el aspecto de la cara de Ray, Pete supo que tenía que explicar esto.

– Ray, ¿cuántos años tiene?

– 36 para 37 en este momento.

– ¿Y cuánto planea vivir?

– ¿Qué diferencia hace? Yo no estaré por aquí por siempre, de todos modos.

De repente, el punto de Ray se aclaró. Habló como si su cerebro hubiese procesado el pensamiento: *"Y si no soy reemplazado, a la larga la iglesia podría derrumbarse"*.

– Es por eso que la práctica número seis es "Reemplazarse a uno mismo".

Práctica n° 6:
Reemplazarse a uno mismo

Ray deseaba gatear por debajo del asiento y esconderse allí hasta después del juego.

– Lo lamento Pete. No sé lo que me acaba de pasar.

– Usted pensó que yo estaba aquí para despedirlo y que iba a ir a su casa a decirle a su esposa que era un fracaso y que había perdido su trabajo y su iglesia.

– Sí. Eso es lo que sucedió.

– Y por eso la número seis es la más difícil de llevar a cabo. Para reemplazarse a sí mismo, tiene que ver el bien de la organización como más importante que el suyo propio. Tiene que ser capaz de resistir esa reacción natural de protegerse a usted mismo y su posición. Pero realmente hablo de mucho más que saber cuándo es hora de irse. Ya ve, para que una organización crezca, tiene que tener un gran liderazgo. Y un gran liderazgo necesita ser desarrollado a través de un sistema de reemplazos de entrenamiento y duplicaciones.

– ¿Qué clase de sistema? –preguntó Ray.

– Bueno, para nosotros se llama sistema de granja. Hay otros cinco equipos en nuestro sistema que reclutan y entrenan jugadores para completar los veinticinco espacios que tenemos en el nivel de la liga mayor. Cada año tenemos espacios que rellenar, y los equipos exitosos son aquellos que completan nuestras necesidades con el mejor talento.

– Supongo que es más fácil llenar espacios cuando le está pagando a una persona un millón de dólares al año –dijo Ray.

– Puede ser. Pero, sin embargo, tiene que saber qué busca. Un montón de equipos han pagado un montón de dinero por jugadores que no lo valían. Por eso tenemos a quienes reclutan. Estas personas están entrenadas para detectar talento, adquirirlo y colocarlo en la posición adecuada para ser desarrollado.

Ray pensó en esto por un momento.

– Yo trato de hacer lo mismo, pero es duro mantener cada área cubierta.

– Por eso esta práctica no puede aplicarse en usted. En mi negocio, cada gerente, cada empleado saben que son responsables de reemplazarse ellos mismos.

– ¿Cómo mantiene la calidad si la gente está siempre reemplazándose? –preguntó Ray.

– Primero de todo, no hablo de una puerta giratoria; hablo de un proceso... un proceso de enseñar a otro a hacer lo que usted hace, y a hacerlo bien. Y mientras las otras seis prácticas cuidarán la calidad, esta práctica asegura que usted mantendrá la calidad por un largo tiempo. Evita el cortocircuito y ayuda a prevenir que la gente se ponga en guardia.

– De convertirse en los que juegan adentro…

– Ahora lo está entendiendo. ¿Está seguro que quiere permanecer en el trabajo de la iglesia? Siempre puedo necesitar una persona como usted en algún lugar.

– Qué coincidencia. Yo también estaba pensando lo mismo que usted, Pete.

– Ahora eso causaría una crisis en su Consejo –contestó Pete con una sonrisa.

– No sé –dijo Ray mientras miraba el palco preferencial–. Me parece que pueden acostumbrarse.

9

DIRIGIR SU CAMINO A LA VICTORIA

Pete sonrió.

– Ray, realmente disfruté de esta noche. Espero que haya sido de ayuda.

– De mucha ayuda. Pero todavía no terminamos, ¿no? Solamente cubrimos seis prácticas. Usted dijo que eran siete.

– Sí, pero no creo que la número siete vaya a ser tan difícil para usted como yo pensé al principio. De hecho, la ha estado haciendo durante un par de horas.

– ¿Sentarme en el lugar del dueño y ser servido de pies a cabeza? Creo que puedo acostumbrarme a la práctica número siete.

– Bien, no es todo tan fácil –dijo Pete riendo–. La práctica número siete se llama "Trabajar en eso".

– ¿Trabajar en eso? –repitió Ray.

– Correcto. Lo ve, Ray, la mayoría de los líderes se ven como parte del sistema. Juegan un rol en la organización y dan todo lo que tienen trabajando en ese régimen.

– ¿Y por qué eso es malo?

– Si un líder, usted en este caso, pasa todo su tiempo trabajando en el sistema, entonces ¿cómo va a saber cuándo el sistema es el problema?

Ray sabía que la pregunta no era retórica. Pensó por un momento y contestó:

– No lo hará, a menos que trabaje el sistema también.

– Exacto. Por eso la práctica es trabajar en eso. Es lo que usted y yo hemos hecho esta noche. Hemos mirado unas pocas ideas que pueden ayudarle a evaluar la efectividad de su organización. Mire allá en el banco, ¿ve a ese muchacho con un anotador?

– Sí, es el *pitcher* ¿no?

– Sí, de hecho juega mañana a la noche. Justo ahora está anotando los bateadores del juego de esta noche. Está mirando las tendencias, hábitos y debilidades que lo ayudarán cuando juegue. Todos los *pitcher* hacen eso.

Ray había visto suficiente béisbol en su vida para saber que los equipos de la liga mayor mantienen cualquier estadística concebible.

– Leí en algún lugar que no puedes manejar lo que no puedes medir. ¿Es eso de lo que hablas?

– De alguna manera, sí. Pero es más que medir solamente. Es encontrar el tiempo para evaluar lo que has medido, para ver qué trabajar y qué no. Un montón de organizaciones recolecta un montón de datos, pero luego los archivan, o peor aun, los imprimen en un reporte anual a cuatro colores, y entonces lo archivan. Cuanto más alto esté usted en una organización, más importante se convierte.

– ¿Por qué es eso? –Ray sabía que debía conocer la respuesta, pero no la conocía.

– Porque cuando algo anda mal, su primera tendencia será echarle la culpa a alguien. Y no lo culpará solamente, sino que también se lo puede sacar del puesto cuando en realidad era un problema institucional, no un problema individual. Puede perder a gente buena –y la confianza de su equipo– cuando eso suceda.

– Pero es lo suficientemente difícil como para obtener todo así como está. ¿Cómo halla usted el tiempo para trabajar en eso?

– Usted halla el tiempo para comer y dormir, ¿no? Tiene que ver esta práctica así de importante. Tiene que comer y dormir para sobrevivir físicamente. Tiene que trabajar en su organización para que sobreviva.

Práctica n° 7:
Trabajar en eso

– Así que tengo que encontrar el tiempo para evaluar y planear.

– Oh –agregó Pete–, y no se olvide de buscar tiempo para divertirse también. Parte de trabajar en esto es encontrar el tiempo para celebrar sus victorias. Es por eso que damos anillos y arrojamos champagne cuando ganamos un campeonato. Celebramos el hecho de que hemos ganado. Tiene que asegurarse que su gente celebre sus victorias...

– O pueden unirse a otro equipo. –Ray terminó el pensamiento.

– Y eso es lo último que queremos que suceda –agregó Pete.

Ray pudo recordar varias veces durante los primeros años de la iglesia de la Comunidad Meadowland, cuando los objetivos eran alcanzados o grandes planes eran realizados. En el momento parecía que no había tiempo para festejar. Había siempre más para lograr, y Ray se lanzaría al próximo objetivo. ¿Cuánta gente se había ido a otros equipos porque no se detenía a celebrar con ellos?

– Hablando de victorias –Pete rompió el silencio– ¿qué tal si vemos el final de este juego y celebramos con mi equipo?

– ¿Cree que he aprendido suficiente por una noche? –preguntó Ray.

– No ha aprendido nada aún. Pero ha escuchado un montón. Recuerde, estas son solamente prácticas para hacerlo más efectivo. No funcionarán en un entorno que no tenga valores claros o en donde no haya trabajo duro. Pero si las pone en práctica, pueden ayudarle a seguir el camino. Veremos qué cosa ha aprendido, en unos pocos meses.

– Bien, Pete, conozco una sola manera para decirle si he aprendido algo, y es que venga a la iglesia, por un rato por lo menos.

– Si hay una cosa de la que puede estar seguro, Ray, es que nunca se sabe dónde voy a aparecer –dijo Pete, riendo–. Después de todo, nunca soñó que estaría aquí esta noche.

– Nunca soñé que estaría aquí esta noche, pero estoy contento de haber estado –dijo Ray genuinamente–. Gracias, Pete.

Ray y Pete miraron el resto del juego como cualquier otro fanático. Cualquier otro fanático con asientos en primera fila y acceso al vestuario del equipo local. Mientras Ray esperaba para recuperar su auto viejo de ocho años y volver a la realidad, pensó acerca de lo que había experimentado. Todo la noche fue una sorpresa; la reunión cancelada, el trato especial y sobre todo su rato con Pete. Pero la sorpresa más grande de todas fue redescubrir una pasión por el ministerio que había sido sofocada por la complejidad. ¿Podrían estas siete prácticas realmente convertir su ministerio en algo más efectivo?

Ray salió del estacionamiento del estadio y era nuevamente uno más en el tránsito de la autopista de Meadowland. Como ya había pasado antes, su cabeza estaba llena de pensamientos acerca de la iglesia. *"Nada realmente ha cambiado"*, le decía una voz en su cabeza. Todos los problemas que habían estado allí antes estarían todavía mañana a la mañana.

Entre tanto Ray pensaba en los desafíos que lo esperaban, pero un cambio ya había ocurrido: las arrugas de su frente habían desaparecido y había una leve sonrisa en sus labios.

PONER LAS 7 PRÁCTICAS
A TRABAJAR

Introducción

UN DILEMA

La lucha de Ray es bastante común en la vida de los líderes de la Iglesia de hoy. Ray se comprometió con el ministerio para hacer diferencia. Para lograr algo que era más grande que él. Para ver vidas cambiadas. Para saber que su inversión contaría de alguna manera para la eternidad. Compartió la misma pasión que conduce a la mayoría de la gente a hacer lo que hacen en el ministerio.

Pero en algún lugar de su viaje, Ray utilizó una estrategia organizacional que no era saludable para la iglesia Despertó una mañana y se dio cuenta que su iglesia se convirtió gradualmente en algo diferente de lo que había comenzado a crear. La energía de Ray y el amor por el ministerio estaban siendo consumidos por una organización que parecía haber cobrado vida por sí misma. Y se movía en direcciones más allá de su control. Como un jugador de fútbol decepcionado, Ray extrañaba la simplicidad de los primeros tiempos... y desesperadamente quería redescubrir su pasión para jugar un juego que amaba.

EL PROBLEMA CON LOS SISTEMAS COMPETITIVOS

Hace varios años yo –Reggie– estaba en el proceso de transferir una década de archivos importantes a una computadora nueva, cuando reinicié mi vieja Macintosh y me encontré mirando fijo un icono extraño. En lugar de la Mac sonriente, había una imagen extraña mirándome. Sabía lo suficiente de computadoras como para darme cuenta que estaba en problemas. Mi disco duro se había roto y la situación era potencialmente crítica.

Temiendo que incontables notas, archivos financieros, información personal, estudios e informes se hayan perdido para siempre, corrí al servicio técnico más cercano. Nervioso, miré cómo dos técnicos entrenados se turnaban tratando de acceder a mis archivos dañados. Cuando decidieron interrumpir para almorzar, me quedé, decidido a descubrir el problema. Inseguro de por dónde comenzar, presioné el botón que libera la bandeja del disco compacto.

Entonces descubrí algo y me di cuenta que mi hija menor había estado jugando con eso ese mismo día más temprano. La bandeja del disco compacto contenía una aplicación no actualizada que había descartado recientemente por un programa más nuevo. Obviamente, mi hija había encontrado el disco y tratado de cargarlo en mi computadora. Cuando los técnicos volvieron, rápidamente analizaron el disco y encontraron que contenía una vieja versión del sistema operativo de mi computadora. Explicaron que mi computadora se había roto por lo que ellos llaman un conflicto del sistema.

El sistema operativo es una parte invisible que determina cómo trabaja la computadora. Provee un código interno que dirije su comportamiento. Envía señales al disco duro para controlar cómo funciona.

Si uno trata de arrancar una PC con señales que compiten desde dos sistemas, la computadora se desestabiliza y tiene una falla "mental".

De alguna manera, su iglesia es una computadora. Hay un sistema operativo que funciona por detrás de todo lo que ésta hace. Este sistema operativo envía señales continuamente, que básicamente determinan cómo están diseñados los programas, cómo está organizado el ministerio, cómo enseñan los comunicadores, cómo se alcanza la audiencia y cómo se toman las decisiones diarias. Este código interno atesora la llave de la conducta y la apariencia de su organización entera. Si yo fuera a pasar un tiempo significativo en su iglesia, las posibilidades son que aprendería acerca de su sistema. Escucharía su lenguaje, oiría sus preguntas y vería lo que se practica. Tarde o temprano me daré cuenta de qué es lo que lo motiva.

Las iglesias muchas veces crean sistemas que compiten, donde la dirección es confusa y la información contraria, lo cual amenaza causar una falla y paralizar el ministerio. En lugar de reemplazar viejos sistemas, descargamos y agregamos lo nuevo a todo lo que ya existe. Pronto nuestra capacidad se fragmenta y nos encontramos enfrentados con los signos de lo no efectivo, algunos ministerios parecen rutinarios y no pertinentes; la enseñanza se siente demasiado académica, los calendarios están saturados con programas mediocres; los miembros del personal van hacia la dirección opuesta; a los voluntarios les falta motivación; los departamentos compiten viciosamente por recursos; y se vuelve más y más difícil calcular si estamos acertando.

Demasiadas iglesias necesitan desesperadamente una mejora. Necesitan *reformatear* sus discos duros e instalar un sistema limpio. Necesitan reescribir su código, de manera que quede claro qué es importante y cómo debería funcionar.

CREAR UN LENGUAJE COMÚN

Imagine la ventaja que tendría si todos en su iglesia operaran sobre la base de un mismo código interno. ¿Qué pasaría si cada voluntario y cada miembro del personal entendieran que ciertas prácticas son críticas para el éxito de su misión, y que estas prácticas son parte esencial del estilo y cultura de su ministerio? Ahora... ¿qué pasaría si alguien moldeara estos principios en palabras y frases que pudieran integrar efectivamente el lenguaje de su ministerio; oraciones simples que le recordaran instantáneamente a los jugadores de su equipo cómo y por qué hacen lo que hacen?

Durante nuestros años de formación, las seis personas que formaron la iglesia de North Point desarrollaron lo que se conoce como *"Las siete prácticas efectivas del liderazgo"*. Hemos pasado numerosas horas escribiendo una afirmación de la misión, clarificando nuestros valores y diseñando programas de la estrategia de nuestro ministerio. Nuestra visión y valores eran lo suficientemente básicos como para ser enmarcados y puestos sobre la pared de cualquier iglesia evangélica, pero sentimos la necesidad de crear una serie de afirmaciones breves que comunicaran nuestro único acercamiento al ministerio.

Repetimos nuestra estrategia, de manera que los líderes la entiendan y los ayude a establecer prácticas que inyecten el ADN propio de nuestro ministerio. Tratamos de establecer un lenguaje, particular de nuestra iglesia, que nuestros líderes utilicen al entrenar a los futuros voluntarios y al personal.

Es importante entender exactamente por qué estas prácticas son desarrolladas y qué son. Pero es también importante entender qué no son. Las siete prácticas para un ministerio efectivo no son principios de crecimiento de iglesia, sin embargo, impactan definitivamente en cómo crecemos.

No son lo mismo que nuestra misión, sin embargo, son estratégicas en ayudarnos en nuestra misión.

No son lo mismo que nuestros valores, sin embargo, determinan cómo aplicamos nuestros valores esenciales.

No son principios teológicos, sin embargo, complementan nuestra pasión de enseñar la verdad con relevancia.

No son las únicas prácticas, sin embargo, se han convertido en las partes más importantes de nuestra iglesia.

Estas siete prácticas nos han ayudado a:

- proteger la simpleza de nuestra organización.
- mantener a nuestro personal y voluntarios moviéndose en la misma dirección.
- crear ambientes que estén enfocados y sean relevantes.
- evaluar el éxito de nuestro ministerio y programas.
- exportar nuestro estilo de ministerio a iglesias nuevas y a las ya existentes.

UN BREVE DESCARGO

Los principios y prácticas descritos en este libro no son ni pueden sustituir la bendición de Dios ni su poder. Es importante que cada iglesia funcione desde una visión clara, con valores establecidos que mantengan a todos a tono con la dirección de la organización. Es también importante tener una estrategia clara, de manera que la iglesia pueda captar los recursos y el talento provistos por Dios para lograr esa única misión.

Establecer ciertas prácticas aumentará la efectividad y los programas de su ministerio; pero la visión, los valores y las estrategias no son tan importantes como el éxito de estar en sintonía con lo que Dios desea hacer en su iglesia.

CLARIFICAR EL OBJETIVO

*Definir qué es importante en
cada nivel de la organización*

El estadio **Turner Field**, en Atlanta, es un monumento a tal punto que la gente pagará dinero para ser parte de un equipo que gana. El estadio de última tecnología abrió hace dos años, antes de que los Atlanta Braves ganaran la Serie Mundial. Muchos que crecieron viendo a los entonces no tan famosos Braves, recuerdan los días cuando unas pocas personas iban a los partidos en el viejo estadio Fulton County, y las pelotas polvorientas rebotaban en los asientos vacíos. Hoy los fanáticos se amontonan, en un estadio de cuarenta y nueve mil asientos, para a ver uno de los equipos más exitosos del béisbol.

Todos quieren ser parte del equipo ganador. Pero lo inverso es también verdad: la gente tiende a no venir cuando una organización no gana.

Nada deja asientos vacíos más rápido que perder brillo. Los jugadores pueden quejarse de los fanáticos que están presentes solo en los buenos tiempos, y los dueños pueden derrochar millones en campañas de publicidad perfectas; pero la mejor manera de llenar asientos, es ganar.

¿Cómo sabe cuando un equipo de béisbol gana? Es obvio. Observa un tablero enorme colocado en el medio del estadio de manera que la multitud y los jugadores puedan ver cómo le va a su equipo. La mayoría de las organizaciones reconocen la necesidad de tener algún tipo de "tablero". Las compañías publican sus ganancias trimestrales. Las escuelas comunican a los estudiantes los resultados de sus exámenes. Las cadenas de televisión tienen su *rating*. En estos escenarios el resultado es obvio, si una organización gana, hay consecuencias.

Una compañía queda fuera del negocio si pierde demasiado dinero. Un estudiante pierde su vacante si los resultados de sus exámenes están por debajo de un nivel aceptable. Una serie de televisión que no mide bien en los *ratings* es sacada del aire.

Mantener el resultado ayuda a todos los involucrados a estar informados sobre la condición de la organización. Solo que en algunas organizaciones es más fácil saber si ganas o no.

¿Cómo sabe si, por ejemplo, una iglesia gana? La misma naturaleza de lo que una iglesia realiza hace difícil mantener el resultado. ¿Cómo crea un tablero que mida enseñanzas intangibles como así también relevantes y vidas cambiadas?

Hay un tablero de madera antiguo en la iglesia, que aún cuelga en la pared de la izquierda detrás del púlpito. Quizás usted haya visto uno así. El mismo tiene indicadores que muestran los números anunciando las estadísticas críticas de la iglesia. Hay una columna para la "semana pasada" y otra para "esta semana". Cada domingo puede controlarse cómo van las cosas en tres áreas: asistencia, el número de visitantes y el total de ofrendas. Recuerdo, de niño, mirar los números y pensar: *"Las cosas están mejorando"*. O durante algunas semanas: *"Las cosas están empeorando"*. Este tablero ha estado colgando allí por al menos treinta años, pero no estoy seguro si verdaderamente comunica o no, si la iglesia gana.

La mayoría de las iglesias no tienen un sistema confiable para definir y medir cómo se ve el éxito en cada nivel de la organización. En lugar de eso emiten ciertas estadísticas generales que dan cierto sentido de progreso o fracaso como iglesia, y continúan haciendo su ministerio de la manera que siempre lo hicieron, productivo o no. Aunque es posible que una iglesia sea muy eficiente en hacer un ministerio ineficiente.

La iglesia debería ser más categórica que cualquier otra clase de organización para "clarificar la victoria", simplemente porque lo que está en juego es mucho más: la eternidad depende del balance.

¿CÓMO SE MIDE EL ÉXITO?

En una conferencia reciente yo estaba en un ascensor y oí a un pastor joven preguntarle a otro:

– ¿Cuánta gente promedio tiene de asistencia el domingo? Y ¿cuál es su presupuesto mensual?

Básicamente, el joven pastor le preguntaba a su amigo: "¿Cuál es el resultado?". Correcto o no, tenía una idea predeterminada acerca de cómo medir el éxito en su ministerio.

Demasiados líderes de iglesias han caído en el mito sostiene que para clarificar la victoria hay que establecer logros de asistencia y obtener un montón de dinero. Estos pueden ser indicadores ciertos de la salud de su organización, pero no necesariamente los números fuertes significan que usted está ganando.

En North Point nunca establecimos objetivos de asistencia, y raramente promovimos objetivos financieros. Me viene a la mente un grupo diferente de preguntas cuando hablamos de qué significa ganar. Por ejemplo: ¿Se sienten cómodos los fieles al invitar a sus amigos que no lo son? ¿Reconocen los miembros la necesidad de dar un porcentaje de sus ingresos? ¿Cuántos individuos son exitosos conectándose en grupos pequeños? ¿Entiende nuestra gente cómo aplicar en sus vidas diarias las verdades bíblicas que les enseñamos?

Clarificar la victoria simplemente significa comunicar a su equipo qué es lo importante y qué es lo que realmente sucede. Formulando ciertos interrogantes, recompensando la actuación de alguien, celebrando resultados significativos, esto es todo parte de clarificar la victoria. Practicar este principio significa que usted está decidido a definir un objetivo, de manera que no comunica accidentalmente el objetivo equivocado o mantiene a su equipo adivinando qué es lo realmente importante.

La mejor manera de elevar el poder colectivo de su equipo, es asegurarse que todos sepan qué significa "ganar".

CUANDO NO SE CLARIFICA EL OBJETIVO

Nada frustra más la moral que cuando los miembros de un equipo con agendas separadas se disputan entre sí. Cuando esto pasa, usualmente es porque los que están a cargo no han dispuesto el tiempo necesario para clarificar la victoria para su equipo.

Mientras el objetivo no sea claro, usted obliga a su equipo a adivinar cuál es la meta. Una característica distintiva que hace a la iglesia diferente de la mayoría de las organizaciones, es la cantidad de voluntarios requeridos para realizar su misión. Generalmente, los voluntarios quieren hacer lo que la iglesia quiere que hagan, pero los problemas vienen cuando los voluntarios tratan de avanzar en condiciones poco claras. Sin una dirección clara, son forzados a diagramar su propio curso o seguir a quien sea que tenga el mejor plan en el momento.

Nuestra experiencia es que la mayoría de los voluntarios no tienen agendas personales o ningún deseo de crear conflictos, solo quieren saber dónde alinearse y así poder ayudar. Pero si se les permite moverse sin un rumbo o en la dirección equivocada por largo tiempo, la mayoría de ellos terminará abandonando.

¿Por qué? Porque a la gente no le gusta perder... ¡le gusta ganar!

Cada uno de nosotros tiene un deseo dado por Dios, de pertenecer a algo que sea más grande que nosotros. Los voluntarios necesitan saber que su inversión en tiempo va a hacer la diferencia. Trabajarán duro y harán sacrificios increíbles siempre y cuando sepan cuál es el objetivo, y que lo que hacen cuenta en realidad; simplemente desean encontrar significado e importancia al trabajo que hacen. A nadie le gusta realizar trabajos mediocres. Todos necesitan claramente entender qué están logrando.

Las estadísticas sugieren que el voluntariado en la iglesia está declinando. Una pregunta frecuente que nos hacen las otras iglesias es: ¿cómo reclutan y mantienen los voluntarios? Parte de la respuesta es que clarificamos el objetivo. Un sinnúmero de individuos abandonan el trabajo en las iglesias cada año, simplemente porque no sienten que estén ganando.

Si el objetivo no es claro, puede forzar a aquellos en el rol de liderazgo, a definir qué es ganar en sus propios términos. Algunas veces los pastores cometen el error de pensar que deberían pasar más tiempo con los líderes jóvenes y menos con los líderes más fuertes. Y parece lógico que los líderes más fuertes requieran menos supervisión. Pero cuando a un líder fuerte no se le da una dirección clara, se le da permiso para ir en cualquier dirección que le parezca correcta. Si no define con sus líderes qué es ganar, ellos lo definirán.

¿Por qué? ¡Porque son líderes y están acostumbrados a ganar! No toma mucho tiempo para los líderes hacerse cargo de la clase, comenzar un nuevo programa, empezar un ministerio innovador y hacer que una multitud los siga. Puede ser que solo estén diez grados fuera del camino, pero dado el tiempo suficiente, perderán el camino por kilómetros. No es que intencionalmente sean desafiantes o difíciles; en realidad, son líderes. Pero un sinnúmero de ellos han saboteado inocentemente su iglesia por liderar a su gente en la dirección incorrecta. Y en esa organización la falta yace en no definir y clarificar cuál es el objetivo.

CON LOS CHICOS GANAMOS
Del manual North Point

Hace unos años, al desarrollar el programa del grupo de chicos pequeños, nos dimos cuenta que algunos de nuestros líderes estaban convencidos que hacían un buen trabajo, ya que el objetivo no había sido clarificado. Ellos definieron un objetivo para ellos mismos, basado en lo que habían hecho en otras iglesias. Había algunos grupos grandiosos. Se contaban historias de *La Biblia*. Asistían un montón de niños. Las actividades y lecciones parecían funcionar bien. Varios detalles eran manejados eficientemente. Pero muchos de los líderes no sentían que ganaban, y entonces comenzaron a frustrarse.

Habían decidido ser líderes para conectarse con los niños. Pero muchos de nuestros niños no desarrollaban relaciones de calidad con el líder de su grupo pequeño, el cual era el principal objetivo de nuestro programa *Upstreet Kids*. ¡Algunos asistían a grupos diferentes cada semana! Teníamos clases, pero no teníamos realmente grupos.

Es porque la vida en grupo no era la prioridad real con nuestros líderes y padres. Y así fuimos forzados a replantear la visión y explicar claramente el objetivo. Esto requirió redefinir los roles de nuestros voluntarios, destacar a los líderes sobresalientes quienes modelaban la manera correcta de liderar grupos, y alentar a los padres a traer a sus hijos a una hora definida. En realidad, sacamos la responsabilidad de la adoración y la historia bíblica para la mayoría de los líderes, de manera que pudieran concentrarse en una cosa: conectarse con los chicos en grupos pequeños.

Al final, tomó más de un año y un montón de comunicaciones con nuestros líderes antes de que nuestro personal comenzara a sentirse como si estuvieran ganando. Pero si hubiéramos clarificado el objetivo para nuestros voluntarios antes, podríamos haber evitado un montón de conflictos innecesarios.

LA VENTAJA DE CLARIFICAR LA VICTORIA

Donde sea que consideremos la estrategia y el crecimiento de North Point con líderes de otras iglesias, alguien siempre pregunta si tuvimos ventaja porque empezamos con una página en blanco. Hay, por supuesto, alguna ventaja cuando se comienza desde el bosquejo. No teníamos programas existentes, personal mínimo y ningún miembro que nos recordara cómo solían hacerse las cosas. Pero tener una hoja en blanco no es tan importante como tener la misma hoja.

Cuando usted clarifica el objetivo, ayuda a su equipo a estar en la misma línea. Durante nuestros primeros años, los seis miembros de nuestro equipo de liderazgo hicieron un intento deliberado de mantener a todos en la misma línea. Pasamos horas agonizantes clarificando el objetivo en numerosas áreas, discutiendo temas insignificantes. Al mirar hacia atrás, estamos convencidos que muchas de aquellas decisiones fueron estratégicas para mantener nuestro personal y líderes alineados, en los meses y años que siguieron.

Como ve, los no-alineamientos a menudo pasan gradualmente. Y si se pasa por alto, puede causar el fin de una organización. Como las ruedas en un auto, que si empujan simultáneamente, causan la ruina de los neumáticos, se desgasta el motor y se pierde una cantidad enorme de combustible.

El no-alineamiento es a veces el resultado natural del crecimiento. La gente comienza a aparecer y se unen a su iglesia con imágenes de lo que creen que ésta debería ser. Desde el momento que pasan a través de la puerta, comienzan a tratar de conformar la imagen de la iglesia desde su propia imagen. Puede ser que estén esperando clases de adultos cada sábado a la mañana, un estilo diferente de música o un ministerio de mujeres. Pronto, esta gente bien intencionada puede comenzar a cambiar su iglesia en una dirección diferente. Los líderes efectivos constantemente sostienen imágenes claras de lo que se supone la iglesia debe ser, de manera que todos entienden lo que no se supone que debería ser.

Cuando usted clarifica el objetivo, puede administrar sus recursos más eficientemente. Pudimos haber tenido la ventaja de comenzar con una página nueva, pero como nuestro administrador Rick Holliday a menudo señala, no significa que tengamos un cheque en blanco. Rick ha hecho siempre un gran trabajo al ayudarnos a descifrar cómo usar mejor los recursos limitados que nos han dado para lograr resultados. Cada iglesia debe enfrentar este desafío. Esto significa que, en los primeros días de una iglesia, el liderazgo debe decidir qué programas comenzar primero. Mientras la iglesia crece y la organización se pone más compleja, significa que tienen que decidir cómo dividir sus recursos entre los múltiples ministerios.

"El que es fiel en lo muy poco, también en lo más es fiel; y el que en lo muy poco es injusto, también en lo más es injusto" (Lucas 16:10). Creemos que esto también se aplica colectivamente a la Iglesia. La mayoría de nosotros estamos conscientes de los programas que han sido usados por años, pero lograron poco o ningún resultado.

Esa es una razón más que es importante para entender, qué funciona y qué no está funcionando.

Cuando se clarifica el objetivo, se crea el potencial para un impulso. Cuando ha establecido una cultura donde el triunfo está claro, este último tiende a suceder más frecuentemente. Hay mucho para decir de la atmósfera energética que se forma cuando una organización tiene éxito. El triunfo dispara una cadena de eventos. Cuando la gente aprende cómo se siente, se convierte en más fácil. A eso lo llamamos impulso. Es una serie de éxitos; cuando alguien dice: "Tenemos que mantener el impulso", en realidad está diciendo: "Necesitamos seguir ganado". Un entrenador de básquetbol de chicas de secundaria, resguardaba a su equipo de jugar partidos oficiales por un año entero. Es que eran un equipo joven y él no quería que perdieran tantos juegos de modo que se programaran para perder.

Ganar motiva a un equipo. Mientras ganan, la gente les dará su tiempo, su dinero y sus corazones. Y cuando es consistente, el personal y voluntarios en su organización tenderán a...

- trabajar más duro.
- ser menos negativos.
- creer en el liderazgo.
- permanecer involucrados.

CUATRO PASOS PARA CLARIFICAR LA VICTORIA

Si desea clarificar la victoria para su equipo, tiene que tomarse el tiempo para definir qué es importante en cada nivel de la organización. Aquí están los cuatro pasos para ayudarle a clarificar la victoria y establecerla como un hábito en su organización.

1. Resumir el objetivo en una frase simple

Cuando establece el objetivo formalmente y se lo propone al equipo entero, se convierte en un lente a través del cual puede visualizarse todo lo que se hace. En el béisbol, es solo "hacer puntos, cruzando la base local". De todas maneras, un buen bateador no vuelve a la base preocupado por su promedio de bateo, quiere únicamente quedarse en la base. Un buen *pitcher* no solamente quiere tener un buen ERA, quiere con intensidad evitar que el bateador golpee o corra. Todo lo que se hace en el campo de juego es un intento para anotar o prevenir que el oponente anote. Y la contribución única de cada jugador es lo que luego se ve en el tablero.

Cuando todos en el equipo entienden claramente el objetivo, cambia cómo hacen lo que hacen. Por ejemplo, en nuestro programa de secundaria *InsideOut* una victoria sucede "cuando un estudiante tiene una interacción significativa y considera los principios que cambian la vida dentro del contexto de un grupo pequeño". Así que en *InsideOut*, todo lo que se hace es que los estudiantes se conecten en grupos pequeños.

El coordinador tiene que estar pendiente de aquellos que necesitan conectarse a un grupo, y creativamente comunicar la importancia de la vida del grupo, así que el objetivo para el coordinador se logra cuando los estudiantes se conectan como grupo.

El líder de adoración debería lograr un ambiente que prepare a los estudiantes para oír el mensaje, de manera que la adoración suceda cuando los estudiantes participan y sus corazones se abren a la verdad.

El orador posiciona el mensaje para establecer el tiempo del grupo pequeño, de manera que el éxito del orador se determina por cuán bien los estudiantes consideran la enseñanza durante su tiempo de grupo

Los que preparan refrescos ayudan a proveer un tiempo más informal para que los estudiantes se conecten, de manera que el éxito de aquellos que cocinan es indicado por cuántos estudiantes se quedan después del tiempo del grupo y siguen hablando.

Al final, si los estudiantes participan en un grupo pequeño y efectivo, tenemos éxito, y si no, perdemos.

UNA PREGUNTA CLAVE
Del manual North Point

En nuestras reuniones creativas hacemos a veces la pregunta: "¿Queremos que la gente se vaya y haga qué cosa?" La respuesta a esa pregunta puede aclarar un montón de dudas acerca del objetivo del programa, y nos fuerza a clarificar la victoria. Uno de los primeros programas que empezamos en North Point se llamaba *KidStuf*.

Fue diseñado para crear una experiencia compartida para chicos y padres que pudieran estimular tiempo de familia en el hogar. Al preguntar específicamente "¿Qué queremos que hagan los padres al irse?", fuimos capaces de clarificar uno de los objetivos principales de *KidStuf*: inspirar a los padres para continuar enseñándoles a sus niños acerca del carácter y fe durante la semana.

Esa decisión comenzó con todos pensando en la misma dirección. Si los elementos de nuestro programa solo tenían como objetivo a los niños, entonces los padres serían meros espectadores. Nuestra música, teatro y video tenían que ser creados con los padres en mente. Los libretos y bromas tenían que incluir mensajes para adultos. Los segmentos del programa eran diseñados para destacar a los padres. También teníamos que transformarnos en estrategas y deliberados al proveerles a los padres herramientas para ayudarlos a ganar como líderes espirituales en sus hogares.

Cada aspecto de *KidStuf* fue revaluado sobre la base de cómo relacionar a los padres para considerar principios con sus chicos durante la semana. Nos transformamos en la única iglesia con carteles que decían: "Los niños deben ser acompañados por adultos... no los deje solos".

2. Mantener el éxito tan específico como sea posible

No hay que confundir cómo luce un objetivo con establecer una misión. Hay una diferencia importante entre los dos. Una misión es a veces demasiado general. Es como una brújula, puede ser de ayuda para mantener una organización moviéndose en la dirección correcta, pero no asegura necesariamente efectividad. Una misión es fácil de manipular, y su resultado es difícil de medir. De hecho, es posible para cualquier organización completar la misión y perder la competencia al mismo tiempo.

Cuando se clarifica el objetivo, es como pensar en un destino en el mapa... es fácil saber cuándo gana porque se llega al destino deseado. Puede ser que haya oído este aforismo de negocios: "Si el objetivo es nada, lo logrará a cada rato". Un montón de iglesias dicen llegar a más gente cada año, pero de acuerdo a las estadísticas nacionales, la iglesia está declinando en asistencia y perdiendo su influencia en nuestra nación. El hecho es que muchas iglesias no son claras en el lugar hacia dónde apuntan, así que es fácil convencerlas a ellas mismas y a todos, que están logrando algo. Cuando se ha diagramado un objetivo claro y específico, se convierte obvio cuándo se logra o no.

Ron Blue nos dio buenos consejos durante los primeros días de nuestra iglesia. Él dijo:

– No se puede manejar lo que no se puede medir.

No cometas el error de clarificar un objetivo en términos que sean muy generales. Cuando se hace, se engaña a todos en su organización y se falla al establecer una medida efectiva de medir el éxito.

3. Restablecer el objetivo frecuente y creativamente

Una vez que se ha definido un objetivo para un departamento o programa, necesita pasar más tiempo al frente de su equipo. Es fácil distraerse o preocuparse con temas secundarios, y siempre habrá señales de competición que se filtren en su organización. Así que los buenos líderes desarrollan el hábito de recordar a todos –y cada uno– qué es realmente importante.

La próxima vez que esté en un partido de pelota, escuche a los entrenadores. Están constantemente alentando a los jugadores. Y alientan a los jugadores a comunicarse unos con otros. Es por eso que la comunicación es la llave para ganar. Los buenos equipos se comunican en cada jugada del partido, así que todos saben lo que deben hacer en todo momento.

Aprendimos en el comienzo de nuestra iglesia, cuán crítico era mantener el objetivo delante de nuestros líderes.

Algunos de los asistentes entendieron que una victoria significaba crear la misma clase de programación que habían experimentado en otra iglesia. Otros medían el éxito por cuán rápido podíamos comprar nuestro propio edificio. Cuanto más consistentes éramos en comunicar el objetivo para cada programa y departamento, más fácil era mantener nuestros líderes y voluntarios alejados de excusas involuntarias. Lo que sea que estemos usando como indicador de tantos, necesita estar constantemente a la vista de nuestros líderes.

Un sinnúmero de organizaciones colocan en sus paredes frases sin sentido que no se apegan al corazón de sus líderes, porque las palabras no forman parte de su lenguaje diario. Si quiere que sus líderes los sientan, tiene que encontrar formas creativas para clarificar la victoria.

Hay un número de maneras en las que una iglesia puede continuamente Restablecer el objetivo para su *personal* y voluntarios:

- Anunciarlo en carteles indicadores creativos y en habitaciones de planeamiento, como un recordatorio constante de lo que tratan de lograr.

- Establecer preguntas estratégicas que se cuestionan en cada reunión, para ayudar a los líderes a seguir pensando en el objetivo.

- Usar videos creativos para documentar un objetivo específico, e ilustrar con comentarios de aquellos que asistieron al programa.

- Escribirlo en sus anuncios y promociones de manera que todos lo oigan.

- Promocionarlo en un ambiente creando eslóganes que lo refuercen.

Esfuércese para decir la misma cosa una y otra vez de maneras diferentes. No puede establecer el objetivo una vez y esperar que lo sigan inmediatamente. La gente necesita verlo y escucharlo constantemente.

CONTEMOS LA HISTORIA
Del manual North Point

Cada vez que bautizamos a una persona en North Point, usamos la oportunidad de Restablecer y transmitir, de una manera creativa, cómo luce una victoria en nuestra congregación. Hacemos esto mostrando un video de testimonio en el cual la persona cuenta la historia de cómo Dios entró en su vida. Mientras el individuo profesa la fe en Dios, se le agradece a la gente clave de la iglesia y ciertos entornos como *Starting Point* [Punto de partida] son reconocidos. Estas historias refuerzan el propósito de que todo lo que hacemos como iglesia, es guiar a las personas hacia una relación creciente con Jesucristo.

Algunos dicen que están incómodos y preferirían ser bautizados sin video. Amablemente, pero con firmeza, les explicamos que el impacto de la historia de cada persona es demasiado grande como para no darlo a conocer a nuestra congregación. De hecho, esta práctica es tan efectiva que hemos construido un evento completo en torno al bautismo de nuestros chicos y estudiantes, llamado "La celebración del cumpleaños".

Para ser justos, debo destacar que sacamos la idea de filmar los videos testimoniales de una iglesia pequeña de nuestra zona. Siempre debemos estar en la búsqueda creativa de maneras de comunicar las victorias.

4. Reunirse para clarificar la victoria en cada nivel

La mayoría de las organizaciones han escrito citas de misiones inteligentes, y han moldeado sus valores cuidadosamente.

Pero pocas organizaciones han resumido en una frase simple cómo luce una victoria en cada nivel de la organización. No puede parar en la cima de la organización. El principio solo lo ayudará a transformarse en más efectivo si la práctica se lleva a los niveles donde hay un ministerio práctico.

No es suficiente preguntar:

– ¿Cómo luce el éxito para una iglesia?

No es suficiente preguntar:

– Cómo luce el éxito para un estudiante de ministerio?

No es suficiente preguntar:

– ¿Cómo luce el éxito para el programa de secundaria *InsideOut*?

Debería preguntar también:

– ¿Cómo luce un éxito para el corto tiempo del grupo *InsideOut*?

CONOZCAMOS EL PUNTAJE

Una iglesia realmente necesita un cartel indicador de logros. Cuando se establece "clarificar la victoria" como práctica en su organización, posiciona a todos en su equipo a mantener la misma dirección. Provee una herramienta para medir y, por lo tanto, sabe qué hacer. Cuando las personas saben qué hacer, es mucho más probable que tengan éxito. Y cuando comienzan a ganar, hay más chances de que sigan ganando. Porque a los líderes les gusta ganar, y atraerán a otros que quieran unirse al equipo ganador.

- ¿Cuál fue su último éxito? ¿Cómo afecta las actitudes a través de su organización?

- Una afirmación de misión o visión establece el éxito en un sentido general, pero es hora de ser específico. Ponga en práctica clarificar la victoria para un departamento. Luego para un programa. Más tarde para determinado personal o posición de liderazgo (ejemplo: un líder de un grupo pequeño).

- Nombre tres áreas donde siente que sería de ayuda en su organización para clarificar la victoria. Considerar cualquier tema en donde los voluntarios puedan estar confundidos o frustrados porque el objetivo no está claro.

- Utilice la técnica de tormenta de ideas para crear formas de comunicar el objetivo dentro de su organización.

- Anime a cada departamento en su organización a planear una reunión externa, para clarificar la victoria para cada uno de los programas.

11

Práctica n° 2

PENSAR
EN PASOS, NO
EN PROGRAMAS

*Antes de comenzar algo, asegúrese
de que lo lleve adonde necesita ir*

Recuerdo cuando traté de explicar los promedios de bateo a mi
hijo cuando comenzó la Pequeña Liga. Él estaba convencido que
en cualquier oportunidad que golpeara la pelota subiría su promedio de bateo. El problema es que el golpe no es realmente un
golpe a no ser que lo consiga sobre la base.

Un bateador puede golpear la pelota hacia el cerco, pero si es
atrapada en el aire, él está afuera. Y si está afuera, el juego se
cuenta como negativo en su promedio de bateo. Puede ser que
no parezca justo para la Pequeña Liga que un tiro poderoso en
línea u otro de pelota voladora dañe el promedio de bateo. Pero
no importa cuán duro se le pega a la pelota si no te lleva donde

necesitas ir. El objeto del juego no es golpear la pelota fuerte, sino llegar al área local, y la única manera de llegar allí es ir primero a la primera base.

Así que la estrategia para cada bateador es bien clara: tiene que golpear la pelota estratégicamente en algún lugar, de manera que tenga tiempo para llegar a la primera base o, en algunos casos, lograr mover algún corredor a la próxima base. Puede ser que sea dificultoso, que no sea fácil de hacer, pero por lo menos es fácil de entender.

Algunas organizaciones son como los bateadores de la Pequeña Liga. Solo si golpean la pelota en cualquier lugar se ponen contentos y se sienten bien con lo que han hecho. Realmente no importa si llegan a la base o si lo que hacen los lleva a donde realmente quieren ir. Solamente tratan de golpear la pelota en algún lugar. No piensan en el área local o en los pasos que los llevan allí. Puede ser que nadie en la organización haya delimitado el terreno local o explicado la estrategia para llegar allí. Imagine cómo sería el béisbol si nadie supiera dónde está la base local. La acción en el campo sería caótica y confusa. Es siempre difícil tener una buena estrategia si no se sabe adónde se va.

Desdichadamente, las iglesias tienen una reputación de llevar adelante el ministerio sin un fin en mente. Construyen tantas habitaciones como pueden para recibir tanta gente como pueden. Comienzan nuevos ministerios para apuntar a una variedad de temas sociales. Crean más programas para satisfacer las necesidades crecientes de los miembros. Todo tiene sentido. Todo parece correcto. Hasta se evalúa la productividad. Pero no hay estrategia general, y los corredores no van hacia la base. La pregunta que deberíamos hacer no es: "¿Estamos golpeando la pelota?", sino: "¿Llegamos a la base?"... "¿Vamos en la dirección correcta?"... "¿Nos acercamos a la base?" ¡Es posible que ni siquiera sepan dónde está la base!

PLANIFICAR PASOS CONTRA
PLANIFICAR PROGRAMAS

Adoptamos la frase "Pensar en pasos, no en programas", porque muchos de nosotros estábamos conscientes de la complejidad que puede darse durante los años en que se agregan nuevos programas a la iglesia. Todos hemos visto cómo los programas competitivos pueden enfrentarse con los presupuestos, calendarios y voluntarios. Hemos aprendido que cuando la iglesia se mueve por inercia, es cuando se programa por demás.

Durante los primeros años de nuestra existencia, tomamos una decisión deliberada de luchar por la simplicidad en nuestra iglesia modelo. A veces no parecíamos amables, quizás parecíamos hasta desconsiderados por nuestra decisión. Decíamos que no a todo lo que no llevara con seguridad adonde considerábamos que era la base. Hay una diferencia específica entre un paso y un programa. "Programa" es un sistema de servicios, oportunidades o proyectos, diseñados en general para alcanzar "una necesidad social".[1]

La mayoría de las iglesias son efectivas para diseñar programas para cumplir con ciertas necesidades. Y el personal de la iglesia siente que es su responsabilidad entender las necesidades de su congregación y comunidad, además de establecer los programas apropiados para llegar a esas necesidades. Cuando usted "piensa en programas" tiende a crear algo para cumplir las necesidades específicas que han surgido en su grupo destinatario.

Cuando "piensa en pasos" hay una diferencia fundamental en su perspectiva. Ahora el objetivo principal no es cumplir con las necesidades de alguien, sino ayudar a alguien a llegar a donde necesita ir. Vea cómo el mismo diccionario define un paso: "Una de una serie de acciones, procesos o medidas tomadas para lograr un objetivo".[2] Un paso en una parte de una serie de acciones que sistemáticamente llevan a una persona a algún lugar.

Para decirlo de otra manera, cuando piensa en programas comienza preguntando, "¿Cuál es la necesidad?" A la primera pregunta sigue por lógica una segunda pregunta: "¿Cómo vamos a cumplir con esa necesidad?" El resultado es un ministerio que trabaje mediante pasos... ha sido creado para conducir a alguien a algún lado. Esta manera de pensar tiene sentido para lo que la iglesia ha sido llamada a realizar.

La misión de la Iglesia Comunitaria de North Point es "conducir a la gente a una relación creciente con Jesucristo". Nuestro propósito no es diferente a cualquier otra iglesia cristiana. Simplemente nos esforzamos por llevar a la gente desde donde está hasta donde necesita ir.

Primero determine dónde quiere que la gente esté.
Luego descubra cómo va a llevarlos allí.
Eso es hacer ministerio con un fin en la mente.

PENSAR EN PASOS PARA EL CRECIMIENTO ESPIRITUAL

Cuando comience a pensar en pasos, piense específicamente acerca de cómo llevar a la gente al paso siguiente en su crecimiento espiritual. En intersecciones críticas especificas de la vida cristiana, esto puede significar un entorno único o un ministerio en el cual la iglesia ponga manos en el asunto y guíe a la persona.

Tuvimos momentos definitorios en North Point como organización, cuando uno de nuestros equipos reconocía que un paso espiritual se perdía por el proceso. Por ejemplo, es difícil para alguien el paso de buscador a miembro. Así que Lane Jones y Sean Seay diseñaron *Starting Point* [Punto de partida], un grupo de estudio pequeño de doce semanas para los buscadores y nuevos creyentes, que responde las preguntas difíciles y enseña ciertas verdades fundamentales de *Las Escrituras*. Pero *Starting Point* no es otro grupo más de estudio bíblico, es la única clase de adultos que ofrecemos. *Starting Point* existe porque ayuda a las personas a moverse. No es un fin en sí mismo. Después de doce semanas, la clase alienta a los participantes a un grupo comunitario en movimiento. Así que por una cantidad de tiempo limitado, nuestros líderes sostienen la mano de alguien hasta que él o ella entienda su fe; luego tratamos de retirarlos del nido y colocarlos en un grupo pequeño.

A menudo las iglesias tienen una tendencia a tener tantos estudios o clases, que terminaron sosteniendo las manos de los adultos durante demasiado tiempo. Si las clases no mantienen a la gente en movimiento, si las clases no son visualizadas como pasos, pueden impedir el crecimiento espiritual de la gente.

PENSAR EN PASOS PARA UN CRECIMIENTO EN LAS RELACIONES

Por otro lado, cuando piense en pasos y no en programas, usted también descubrirá maneras de ayudar a la gente a crecer en sus relaciones. Cada entorno de ministerio que se crea, debería ayudar a construir puentes que generen las relaciones, y el hecho de pensar en pasos influirá en el ambiente para trabajar en armonía de la manera natural en que surgen las relaciones. Por ejemplo, la gente tiene conocidos antes de convertirse en amigos ocasionales, y deben pasar momentos de calidad antes de que se desarrolle una amistad íntima.

La orden de Jesús fue "hacer discípulos" y después de un sinnúmero de horas de debate entre nuestro equipo de líderes, concluimos que el aprendizaje sucede más naturalmente en el contexto de las relaciones significativas. Y hemos aprendido que las relaciones significativas son más fáciles de desarrollar a través de la dinámica de un grupo activo pequeño.

No sugerimos que un grupo pequeño es únicamente el lugar en donde se desarrolla el aprendizaje. Solamente nos parece que sucede más a menudo con un grupo de amigos que pasan la vida juntos.

El trasfondo de todo esto es que encontramos la respuesta a la pregunta: ¿dónde queremos que la gente esté? Y cuando supimos dónde estaba la respuesta, comenzamos a crear estrategias para conducirlos allí. Este grupo pequeño se convirtió en nuestra base. Fue el mejor lugar para experimentar el ministerio comprometidamente, y un cambio de vida. Así que determinamos no comenzar ningún ministerio nuevo hasta que se determinara cómo conducir a las personas a experimentar la vida en grupo. Comenzamos a pensar en pasos, no en programas.

RECURSOS DEL ENTORNO

Durante nuestros tiempo de reflexión como iglesia, Andy y su esposa, Sandra, visitaron otra iglesia y tuvieron una conversación interesante sobre cómo se trata a las personas que asisten por primera vez a la iglesia. Sandra comparó la experiencia con invitar gente a su casa y luego ignorarlos.

Sus observaciones provocaron una larga discusión en el equipo de nuestros líderes sobre cómo North Point conecta a los visitantes y a los que asisten regularmente. Como resultado, surgieron tres categorías para describir cómo el entorno de nuestra iglesia debería ayudar a conectar a las personas estratégicamente. Así como las habitaciones de una casa pueden ayudar a pasar de una presentación formal a conversaciones íntimas, el entorno de una iglesia puede funcionar como "un paso" para mover a la gente en un camino de relaciones, donde experimenten un sentido de pertenencia y cuidado. Creemos que estos entornos ayudan a entender cómo dar el próximo paso en las relaciones y en lo espiritual. Desde ese punto comenzamos a categorizar cada entorno como Vestíbulo, Sala o Comedor.

El Vestíbulo describe un entorno más grande, como un servicio de adoración, en donde estamos sensibles a las necesidades de aquellos que visitan la iglesia por primera vez. En muchos casos, es un punto inicial para los que no asisten, y es donde los individuos se llevarán su primera impresión de la iglesia. El objetivo de relacionarse en un entorno de Vestíbulo, es asegurarse de que las personas cuando salen, se sientan como invitados.

También el entorno ayuda a cambiar de opinión acerca del rol de la iglesia y potencialmente, el cristianismo en sus vidas. La Sala es un entorno en donde un número de personas puede contactarse y conocer a otras. Estos entornos son usados para recibir amigos y preparar eventos especiales para grupos determinados, y para estimular las relaciones.

Cuando se arma una sala, usted quiere que las personas estén una frente a otra. Quiere que estén cómodas y que tengan la oportunidad de conocerse de manera informal. Nuestro objetivo es que la gente cuando salga sienta que son amigos de alguien. Es importante que vean que hay relaciones potenciales aquí donde pueden hacer una conexión importante. También queremos que sus prioridades cambien y que comiencen a moverse hacia una relación correcta con Dios, y considerar la participación en grupos pequeños con cristianos.

PARTICIPACIÓN EN GRUPOS PEQUEÑOS CON CRISTIANOS

El Comedor es el entorno más íntimo. Es lo que en un principio llamamos nuestros grupos pequeños o experiencia de Grupo Comunidad. Aquí es donde las personas deberían sentirse lo suficientemente cómodas como para tener conversaciones significativas acerca de su vida y de su fe. El Grupo Comunidad es donde deberían sentirse como en familia. Es el lugar donde se experimenta la amistad auténtica y de calidad. Nuestra experiencia también sugiere que este es el lugar correcto para que la fe de una persona crezca.

Una vez que entendimos los diferentes roles de cada ambiente, nos ayudó destacar las necesidades específicas, y fuimos mucho más sensibles a lo que la gente necesitaba, para ir finalmente a lo que nosotros necesitábamos hacer para ayudarlos a llegar.

CÓMO CREAR UN PASO EFECTIVO

Una mañana Andy entró a nuestra reunión general de personal con algunas cartulinas. Tomó un pedazo de papel azul y lo colocó al final de la habitación, sobre el piso. Luego se alejó unos diez metros y dejó caer un pedazo de papel verde en el piso. Entonces nos preguntó:

– Si el papel azul representa grupos y el papel verde representa al servicio de adoración, o un entorno de Vestíbulo, entonces ¿cómo vamos a hacer para que uno se acerque al otro?

Posteriormente Andy seleccionó alguien de nuestro personal y le pidió que se parara en el papel verde, requiriéndole que pase del verde al azul sin tocar el piso. El miembro del personal dijo que era imposible. Cuando Andy le preguntó por qué, le respondió:

– Es un paso demasiado grande.

Fue una ilustración simple para mostrar que necesitamos ser mejores al crear pasos efectivos. Andy sugirió en la reunión que para que un paso sea efectivo, tiene que ser fácil, obvio y estratégico.

1. Cada paso debe ser fácil

Para que alguien pueda dar el próximo paso, no tiene que ser demasiado grande para darlo. Hubo tiempos en que fuimos forzados a crear pasos extras, porque los individuos estaban atascados y era muy difícil dar el paso próximo. Por ejemplo, no es fácil para alguien pasar de un servicio de adoración de varios miles de personas, a un grupo pequeño de doce. Aunque establecimos un área de amigos y otros pasos posibles, parecía demasiado difícil para unos cuantos. Así que Bill Willits y el grupo de ministros implementó y perfeccionó *Group Link* (Grupo eslabón), un evento que organiza en grupos temporarios a quienes no están involucrados en ninguno de los grupos pequeños regulares.

Es una especie de grupo de tiempo corto, diseñado para hacer el proceso de conectarse más fácil. *Group Link* ha servido como un paso crítico, ayudándonos a casi duplicar la participación en la vida de grupos en solo un año.

2. Cada paso tiene que ser obvio

Solamente porque usted haya creado todos los pasos posibles, no significa que la gente los adopte inmediatamente. A las personas no les gusta saltar de un arrecife en la oscuridad, tienen que ver dónde está el paso antes de que estén dispuestos a darlo. Las personas necesitan entender dónde están ahora y dónde necesitan ir luego. Para hacer el próximo paso obvio, los líderes necesitan explicar consistentemente qué cosa es importante y qué cosa viene después. La falta de comunicación en cómo funcionan los pasos y dónde están estos ubicados, puede mantener a las personas alejadas de donde necesitan llegar.

3. Cada paso debe ser estratégico

Si un paso no es estratégico, entonces no es un paso hacia algún lugar. Cuando Alicia se pierde en el país de las maravillas le pregunta al gato:

– ¿Me diría, por favor, qué camino debo tomar desde aquí?

– Eso depende bastante a dónde quieres ir –le responde el gato.

Cuando Alicia responde que realmente no importa, el sonriente gato responde:

– Entonces no importa por dónde vayas.[3]

Si queremos liderar a las personas hacia un destino específico, entonces es importante que cada paso sea en una dirección clara hacia donde queremos ir. Si es un grupo pequeño o un servicio de adoración o una clase, después que se define el entorno ideal donde las personas pueden ser enseñadas, todo lo demás que hagamos será para ayudarlos a llegar allí.

Una nota de precaución: es demasiado fácil para una organización desarrollar programas que llevan a la gente en otra dirección o les provoca un estancamiento. Los llamamos "energías laterales". Es el resultado de crear pasos que no son estratégicos y que, en realidad, compiten con otros, más importantes.

REEMPLAZAR UN PASO
Del manual North Point

Un tiempo contratamos y entrenamos personal para coordinar el área de parejas casadas. Estos eventos fueron diseñados como encuentros de Sala, donde las parejas podían conectarse potencialmente e involucrarse en los grupos. Las reuniones sucedieron en casas en el área de Atlanta, y cientos de parejas asistieron cada mes. Aunque en general tuvieron éxito, el personal que los creó y que fue contratado para coordinarlos, los cerró. Las reuniones no fueron tan efectivas como debieron haber sido para conectar la gente al grupo.

Asombrosamente, este mismo equipo fue en un comienzo responsable de crear la idea de *Group Link* (Grupo eslabón) que reemplazó el área de amigos por parejas. En lugar de seguir con la idea anterior, para conservar el compañerismo o por sentirse personalmente amenazados, la dieron a *Group Link*, un departamento diferente. Estas personas literalmente se eliminaron ellas mismas del trabajo. La verdad es que los líderes que están más enfocados en la misión que en el programa, son extremadamente valiosos para la organización.

UN PASO ADELANTE PARA LA ORGANIZACIÓN

Hay varias ventajas para la organización al pensar en pasos. Aquí hay algunas:

Usted alienta a su equipo a depender uno del otro.

Desalienta a los individuos a defender su territorio.

Borra las líneas difíciles que existen entre los departamentos.

Es probable que descubra lo que no funciona.

Intenta simplificar lo que hace.

Posiciona a los líderes en el pensamiento de una gran imagen.

Si se moviera en un ambiente orientado por pasos a uno que fue diseñado con una actitud de programa, puede ser que los sienta y vea parecidos. Superficialmente pueden serlo, pero la diferencia es fundamental para la organización en general. Un programa, habitualmente, está desconectado de otros y puede fácilmente convertirse en una isla en sí mismo.

Por otro lado, un paso se conecta, en general, en forma interdependiente a otros entornos dentro de la organización. Por su naturaleza, el éxito de un paso está atado al éxito de la organización.

• ¿Cuál es el último paso en donde los adultos pueden experimentar un cambio de vida? ¿Y los estudiantes? ¿Y los niños?

• Cree un mapa del camino, delimitando los pasos que conducen a su nuevo destino.

• ¿Hay algún paso que necesite ser eliminado porque no lleva a la gente adonde quiere ir?

• ¿Qué pasos necesitan ser creados para ayudar a la gente a llegar al destino más efectivamente?

• ¿Hay pasos que da la gente para llegar a donde usted quiere que vayan, pero que no han sido comunicados claramente?

12

Práctica n° 3

REDUCIR EL ENFOQUE

Hacer menos cosas para
causar un impacto mayor

Tengo cierta tendencia a mantener un punto de vista variado de la vida y el ministerio. Personalmente, lucho con la idea del enfoque. Los amigos que son sensibles a mi dilema, sugieren que tengo un estilo de personalidad "audaz". Pero otros, incluyendo mi esposa, creen que soy un adulto con desorden de déficit de atención, y me han recomendado varias veces que pruebe cierta medicación fuerte. Supongo que la razón de esta confesión es porque sé cuán difícil es lograr enfocar la vida. Para mí no es intuitivo, natural o fácil. Mis días se pueden cubrir rápidamente con proyectos no terminados y nuevas iniciativas.

Pero a través de mi vida he sido testigo del poder de la falta de compromiso en el enfoque personal. Nuestro mundo ha sido muy influenciado por hombres y mujeres con determinación casi obsesiva, las cuales se definen por una tarea apasionada de excelencia en un área específica. En algún lugar de su viaje personal, por accidente o a propósito, estos pocos descubren la ventaja de reducir el enfoque.

La pura verdad es que muchos de nosotros debilitamos nuestro potencial, invirtiendo mucho tiempo en áreas de nuestras vidas, en donde tenemos menos potencial. Parece lógico. Hasta justificable. Después de todo, ¿no deberíamos trabajar duro para mejorar las áreas en las cuales somos más débiles?

Piénselo. ¿Tiene sentido para el genial *pitcher* John Smoltz utilizar más tiempo perfeccionando su bateo? Su promedio de bateo es probablemente el área en donde tiene el porcentaje más grande de perfeccionamiento. El problema es que golpear la pelota no es el área dónde él tiene mayor el potencial de impacto. La contribución más grande que Smoltz hace a su equipo, es la habilidad como *pitcher*.

Si usted realmente quiere lograr un resultado duradero, entonces necesita eliminar lo que hace bien por lo que potencialmente hace mejor. Como hubiese dicho Andy: "Dedicarse un poco de usted mismo a todo, significa consagrar una gran parte suya a nada". En los primeros tres capítulos del libro *The Next Generation Leader* [El líder de la próxima generación], se muestra lo importante de este principio si desea convertirse en un líder competente. Andy deliberadamente eliminó un número de cosas importantes, de manera que puede pasar más tiempo ajustando sus aptitudes como un comunicador efectivo.

No es casual que miles de adultos se presenten cada semana, para oír la verdad de vidas cambiadas presentadas de una manera pertinente. Esto sucede porque Andy está comprometido en su intento de reducir el enfoque. Cuando todo lo demás alrededor está fuera de control, reclamando atención, de alguna manera se las arregla para estar concentrado en lo que es la clave para él mismo y la organización.

Esta generación ha sido dirigida por un número de individuos cuyos nombres son casi sinónimo de su enfoque: Billy Graham y sus cruzadas, James Dobson y la familia, Bill Bright y el evangelismo, John Maxwell y el liderazgo, George Barna y la investigación, Gary Smalley y el matrimonio... La lista sigue y sigue.

Tu potencial para lograr un resultado con tu vida está directamente relacionado con la predisposición a reducir el enfoque.

LAS IGLESIAS CON DESORDEN DE DÉFICIT DE ATENCIÓN

Lo que es verdad para las personas también lo es para las organizaciones: hay una tendencia natural para desviarse hacia la complejidad. Durante la década pasada desarrollé un respeto creciente por el poder del enfoque en la iglesia. En North Point hemos practicado siempre la simplicidad. Un montón de iglesias están sencillamente haciendo demasiado, y si su personal es entrevistado lo confirmarán. Mientras tratan de alcanzar el mundo, están perdiendo su propia comunidad. Y en lugar de ser fuertes en algún lugar, son débiles en todas partes.

Este cambio hacia la complejidad es generalmente sutil, y es raramente intencional. Los líderes pasionales introducen innovaciones, los miembros persistentes promocionan sus agendas, se establecen nuevos programas, nacen tradiciones, se agregan ideas nuevas a programas viejos. Y con el tiempo el ministerio comienza a perder su enfoque, y la iglesia empieza a paralizarse por su inhabilidad de purgarse a sí misma. Los ministerios comienzan a diluirse porque fluyen en muchas direcciones. Años de agregar y nunca sacar, han creado capas de programas que se sienten necesarios.

Mientras tanto, muchas de estas iglesias, crecen sin crecer en realidad. Es siempre peligroso confundir actividad con resultados. Las iglesias pueden hacer más, pero no ganan a más personas. Las iglesias se destacan por sacrificar crecimiento a largo plazo, por progreso a corto plazo. Mucho de lo que hacen, divide sus recursos y su enfoque, creando así una barrera al crecimiento real.

Fallan en entender algo no intuitivo del crecimiento: *tienes que hacer menos si quieres crecer más*. Y si haces más es posible que crezcas menos. Aquí hay algunas razones por las cuales las iglesias han derivado en la complejidad, haciendo difícil simplificar su estructura.

Algunas iglesias han incorporado al ministerio una filosofía "menú". Al final de la década de 1980 y en el comienzo de 1990, un número de expertos en crecimiento de iglesias anunciaron el concepto de crear iglesias que sean "un negocio al paso". Cada programa era promocionado como un punto de entrada para los que no estaban dentro de la iglesia. Parecía lógico, por lo tanto, que la manera de alcanzar más personas era comenzar más programas. El objeto del juego era crear tantos puntos como fuera posible para pegarle a todas las pelotas que pudieran. Las iglesias eran alentadas a convertirse en cafeterías que ofrecían muchas opciones de programas, para cubrir una variedad de diferentes gustos. Se crearon y fundaron estudios temáticos, grupos de soporte y ministerios especiales, de manera que todos pudieran encontrar algo que les interesara en su iglesia local.

En algunos casos parecía que aumentaba la audiencia en forma temporal. Pero en la mayoría de las situaciones este enfoque programático era difícil de mantener a largo plazo. Muchas de estas iglesias son eliminadas lentamente por la complejidad de su filosofía de ministerio menú. Hasta las iglesias grandes y exitosas son forzadas a recortar personal y a priorizar programas.

Las iglesias sienten una constante presión en cuanto a proveer programas basados en las necesidades. Si usted está en el ministerio, naturalmente asume que su trabajo es cubrir las necesidades de otros. Pero no las cubre simplemente porque existen. Y quizás ya no usa un método selectivo para cumplir con esas necesidades.

Trate solamente de encontrar una iglesia que cubra las necesidades de todos. No existe tal iglesia. Así que es lógico asumir, que cada iglesia tiene algún tipo de filtro que usa para decidir cuáles son las necesidades más importantes a cubrir. La realidad es que hay tantas necesidades como personas. Y son extremadamente difíciles de priorizar. Cuando trata de tomar decisiones únicamente sobre la base de las necesidades, puede conducirlo a una organización malsana. Si hace hincapié en esto, creará posiblemente una iglesia enfocada hacia sí misma y, quizás, se autodestruya.

¿LE PUEDE IMPORTAR MENOS?
Del manual North Point

Rápidamente nuestra iglesia comenzó a crecer en asistencia y esto superó la capacidad de nuestro personal y, por lo tanto, fuimos forzados a comenzar a reducir el enfoque donde centrábamos el tiempo. Hicimos las mismas elecciones difíciles que cualquier otra iglesia hace cuando se enfrenta a límites de tiempo y recursos. Una de las áreas que presentaba un duro desafío era el "Ministerio de cuidados". Al principio, la visión de dos mujeres increíbles, Débora Fields y Kayron Stevens, nos llevó naturalmente a cubrir necesidades.

Sin embargo, parecía que no íbamos a ser capaces de hacerlo con una asistencia de miles. Sabíamos que teníamos que reducir el enfoque. Por más duro que fuese, decir "no" a algunos, de manera que pudiéramos decir "sí" a la mayoría.

> Nuestro director, Dave Lewis, reconoció que la mayoría de los pedidos se centraban en temas de matrimonio y recuperación de divorcios, así que nos dedicamos a esas dos áreas. Esto significó decir "no" a un número de grupos de recuperación y otras buenas ideas que podrían habernos distanciado de ser exitosos en ayudar donde más nos necesitaban.

A las personas se les ha permitido construir su identidad en torno a un programa, no a una misión. Es normal que los líderes estén orgullosos de lo que han creado. Pero no es una situación saludable si los líderes se aferran demasiado a lo que lograron. Cuando las personas atan su identidad a un programa que han creado, pierden la objetividad que se necesita para evaluar su efectividad. Y muchas iglesias convencionales derrochan millones de dólares anuales en programas que deberían haber estado enterrados hace años. Hay una línea difusa entre construir su importancia personal en torno a un programa, y sumar su corazón a la misión.

Los programas necesitan cambiar, una misión dura toda la vida. Cuando los líderes dan su corazón a una misión, sostienen lo que sea que hayan creado con las manos abiertas. ¿Por qué? Porque el valor de un programa está unido a lo bien que ayuda a llevar a cabo la misión. Y los buenos líderes son siempre más apasionados por la misión que por el programa.

Los líderes de iglesias le temen a las consecuencias de eliminar ciertos programas. Cada líder sabe que hay un grado de riesgo al eliminar cualquier programa. Alguien se enojará inevitablemente. Han sido despedidos pastores y se han separado iglesias por motivos menores. Así que... ¿quién puede culpar a un líder por considerar cuidadosamente quién y cuánta gente va a reaccionar antes de desconectar el programa? Pero cuando un líder le teme a las consecuencias de eliminar un programa, más que a los efectos a largo plazo de mantenerlo, el resultado puede ser costoso. Fallar al eliminar un programa que necesita ser purgado, puede retener recursos importantes. Cuando a un líder le falta el coraje para hacer los cambios necesarios, el futuro de la organización está en juego.

Veamos ahora algunos cambios a realizar que necesitará para reducir el enfoque.

SIMPLIFICAR, SIMPLIFICAR

En su libro *Focus* [Enfoque], Al Riese hace algunas observaciones interesantes acerca de la inclinación hacia la complejidad que existe dentro de cada organización. Reducir el enfoque significa resistir la complejidad y buscar la simplicidad. Mucho de nuestro personal había estado antes en otras iglesias con muchos programas; sabíamos bien cuán rápido las cosas podían salirse de control. Así que fuimos tenaces en ser simples. De hecho, se asombraría de las cosas que no hacemos. Por ejemplo no tenemos una escuela cristiana, servicios de mitad de semana, ministerio de hombres y mujeres, un coro de niños, escuela de adultos de domingo, fiesta de Pascua o Navidad ni ministerio de recreación.

No es que haya algo de malo en estos programas. Solamente que no hay suficiente espacio en nuestra organización para llevarlos a cabo, y ser tan efectivos como creemos que tenemos que ser con otros programas.

Por lo tanto, necesitamos documentación suficiente y reuniones antes de comenzar un programa nuevo. Mayormente hemos dicho no, y en cambio hemos alentado a los líderes clave a concretar sus ideas en otras organizaciones fuera de nuestra iglesia. No podemos permitirnos el implemento de sistemas competitivos que puedan hacer débil a nuestra organización.

MATAR LO QUE FUNCIONA

Quizás tenga que eliminar lo que está en funcionamiento para reemplazarlo por algo que funciona mejor. Reducir el enfoque significa elegir lo que potencialmente funciona mejor, en lugar de lo que está funcionando. Puede ser que suene raro, pero la mejor manera para que un programa funcione es matar al programa que está en funcionamiento. Jesús destaca este principio en Juan 15. Aunque no se refiere específicamente a una organización, el principio es el mismo. Dice: *"Mi Padre es el labrador. Todo pámpano que en mí no lleva fruto, lo quitará"* (vv. 1-2). Todos entienden este concepto. Si algo no funciona, descártelo.

La siguiente frase puede revolucionar su ministerio: *"Y todo aquel que lleva fruto, lo limpiará, para que lleve más fruto"* (v. 2). Podar algo que está vivo –cortar algo que es fructífero para que otra parte pueda serlo más aún– es doloroso, pero necesario si quiere buenos resultados. Algunas veces la decisión saludable es eliminar programas que son prósperos, para dar lugar a algo más saludable aún. Los programas buenos pueden interrumpir el camino de otros. Solo porque algo funcione no quiere decir que deba seguir haciéndolo.

Demasiados ministerios utilizan sus mejores recursos humanos y económicos en programas mediocres. Un jardinero con habilidades aprende cuáles ramas podar y cuáles no.

Mire con atención: El programa con más potencial, es decir, mejores frutos... debería ser su prioridad.

¿ESCUELA DOMINICAL O GRUPOS PEQUEÑOS?
Del manual North Point

Sabemos que la escuela dominical funciona, no tiene que convencernos. Mucho de nuestro personal que inició North Point trabajó por años en iglesias en donde crearon y coordinaron clases de adultos. Solo decidimos que estos grupos tenían un potencial para trabajar mejor.

Creímos que si permitíamos que la escuela dominical y los grupos pequeños coexistieran en nuestra organización, disminuiría el potencial de ambas. Así que decidimos poner todos los huevos en una sola canasta. No solo estábamos convencidos de que los cambios de vida suceden mejor en el contexto de pequeños grupos -y les dimos nuestra completa atención-, sino que también veíamos que crecían a una velocidad mayor. Hoy la proporción de asistentes a la iglesia que participaron en grupos pequeños, es mejor que el que experimentamos con el modelo de escuela dominical.

CREAR UNA MARCA

Hay una pregunta fundamental para formular antes de que pueda establecer el entorno que atraiga a las personas que trata de alcanzar: ¿sus entornos específicos existen para promover su iglesia? ¿O existe su iglesia para promover esos entornos específicos? La respuesta es decisiva.

Delimitar el objetivo significa crear entornos como modelos diferentes. Debe decidir primero qué imagen quiere crear en las mentes de la gente que quiere alcanzar. Tiene que identificar qué está vendiendo. ¿Trata de que la gente compre su iglesia? ¿O trata de que compren un entorno que es importante? ¿Cuál cree que es más fácil de vender?

El mundo del marketing asimiló bien este principio. La gente no busca un auto General Motors para comprar. Buscan hacer un buen negocio por un auto deportivo. Buscan algo que sea de relevancia para su estilo de vida. Al reducir su enfoque, prueban varios modelos y se compran un Tahoe. O un convertible Saab. Cuando uno les pregunta qué se compraron, no dicen un General Motors. Son más específicos. El punto es, no piensan en términos de una corporación, piensan en una marca individual.

La verdad es que la iglesia es un concepto muy general por naturaleza. Y la mayoría de las personas no buscan una iglesia, sino estarían llenas de visitantes cada semana. Los que buscan es algo significativo para sus matrimonios, sus familias, sus vidas personales. Buscan algo que funcione para ellos como individuos. Y eso es algo específico, no general.

Uno de los desafíos más grandes que enfrenta la iglesia hoy es la necesidad de cambiar su imagen. Enfrentémoslo, todos tienen una opinión sobre la iglesia. Y las personas en su comunidad han desarrollado probablemente alguna noción, solo porque es una iglesia. La gente tiene una percepción, y aunque sea falsa, esa percepción es su realidad.

Puede que sea la razón por la cual nunca le den una segunda mirada. Puede cambiar el adjetivo de la palabra iglesia. Puede predicar mensajes para cambiar el significado de la palabra iglesia para todos aquellos que asisten. Puede gastar miles de dólares en publicidad, usando la televisión y los anuncios. Pero cambiar la opinión de alguien acerca de la iglesia, es muy difícil.

Lo que puede hacer, sin embargo, es cambiar la imagen de la iglesia creando entornos atractivos y de ayuda para las distintas etapas de la vida de todos. Cuando ésta sea su prioridad, y no la publicidad de su iglesia, obtendrá un resultado mejor acerca de lo que su comunidad piensa de la iglesia.

Pero si piensa hacer del entorno una marca diferente, debe hacer dos cosas:

1. Identificar al grupo al que apunta.

2. Diseñar cada entorno para hacer una cosa.

Tal vez tiene recursos y talento escasos, así que tiene que decidir a quién alcanzar. Una noticia: nunca va a alcanzar a todos, así que no lo intente. Aquí no dijimos "No se preocupe por todos". Decimos que es mejor no probar todo en todos. ¿Pero no es lo que Pablo trató de hacer? Sí, pero sospechamos que era bastante bueno para eso. Pedro, por otro lado, era más capaz de alcanzar a los judíos. Entonces, si quiere alcanzar todo, su potencial se puede diluir sin alcanzar a nadie.

Usted necesita descubrir a quiénes puede alcanzar, e ir por ellos.

De la misma manera, cada entorno debería estar diseñado para hacer una cosa. Que no significa que no pueda hacer nada más, solo significa que debe enfocar el objetivo. Eso es lo que distingue a una marca. Si comienza haciendo demasiado, puede confundir a su cliente y arruinar la impresión de dicho entorno. Trate de agregar una palabra o frase corta a cada entorno, para marcar la diferencia en las mentes de sus líderes.

Aquí están nuestros entornos y cómo delimitamos el objetivo:

InsideOut: *grupos pequeños para estudiantes.*

Rush Hours: *un lugar para que los estudiantes traigan sus amigos.*

Starting Point: *grupos pequeños para los buscadores y nuevos creyentes.*

7:22: *una experiencia de adoración para adultos solteros.*

Grupo de comunidad: *grupos pequeños para parejas casadas o solteros.*

KidStuf: *una experiencia compartida para padres y chicos.*

UpStreet: *grupos pequeños para chicos.*

Si un entorno no hace lo principal para lo que fue creado, entonces realmente no importa qué más haga. Pero también es importante que no fuerce un entorno para hacer algo que no era su fin. Está bien si un entorno específico no hace estas cosas: ser sensible con los no cristianos, resolver los temas emocionales complicados de alguien, tener un estudio profundo de *La Biblia*, dar una invitación, cumplir las necesidades de un cristiano, alcanzar gente nueva o pasar tiempo de calidad adorando.

Por ejemplo, *InsideOut* es principalmente una reunión de "cocina" o pequeños grupos para estudiantes, de manera que no exceda la capacidad de atención. Si así fuera, comprometeríamos nuestra eficacia para discipular estudiantes a través de los grupos. Y es decisivo para todos entender el diseño del entorno, de manera que nadie aparezca con un grupo grande de estudiantes no creyentes. Lo opuesto también es verdad. Si alguien se presenta en *Rush Hours* deseando experimentar un estudio bíblico significativo, se desilusionará.

Cuando se crean distintas marcas, la gente sabe qué esperar. Y ayuda a los líderes a alcanzar sus expectativas.

¿KIDSTUF O UPSTREET?
Del manual North Point

KidStuf, el primer programa de chicos que creamos en North Point, fue pensado para que los padres pudieran participar con sus hijos. En lugar de poner a los chicos en un entorno que era diseñado para adultos y se entusiasmaran con lo que les enseñamos a los padres, dimos vuelta la idea. Pusimos a los padres en un ambiente diseñado para la familia entera, de manera que ellos se entusiasmaran con lo que se les enseña a los niños. El programa es ágil, con multimedia, al estilo de las presentaciones *Mundonick*. Fue posicionado en nuestra organización como un evento "Vestíbulo".

Luego creamos otro entorno para niños, *UpStreet*. Durante una de nuestras primeras reuniones, con los equipos de ambos grupos, escribimos en una pizarra los dos nombres y nos preguntamos: "¿qué debería hacer *KidStuf* que *UpStreet* no hace?" y "¿qué debería hacer *UpStreet* que *KidStuf* no hace?". Aquella reunión nos ayudó a delinear tendencias claras para ambos grupos. Vea si puede adivinar cuáles características son para cada ambiente.

¿Es *KidStuf* o *UpStreet* el mejor lugar para...

... celebrar una fiesta de cumpleaños infantil?
... guiar a los niños a la adoración?
... enseñar canciones divertidas?
... comunicar la visión a los padres?
... tener estudios bíblicos profundos?
... dialogar acerca de la fe personal?
... contestarles a los niños sus preguntas?
... hacer teatro?
... enseñarles a los niños a orar?
... destacar ciertos eventos?

Al decidir qué entorno era mejor para cada cosa, pudimos complementar uno con otro. Y creamos dos marcas diferentes donde todos sabían qué esperar.

CONSTRUIR UN EQUIPO DE ESPECIALISTAS

La razón por la cual nadie se quejó del promedio de bateo de John Smoltz, es porque él puede arrojar una pelota rápida que alcanza unos ciento cincuenta kilómetros por hora, y ha dominado un giro que hace temblar a los bateadores diestros. Reducir el enfoque significa desarrollar un equipo de especialistas, quienes pueden no hacer todo bien, pero son expertos en las áreas que se les asignan.

Es raro en el béisbol profesional ver jugadores que frecuentemente cambian de posición. Ellos tienden a convertirse en expertos, ya sea como defensores en el cuadro interior o fuera de él. Mejoran sus habilidades para hacer juegos dobles, juzgar sobre bolas elevadas y bloquear pelotas de piso difíciles. Aprenden cómo poner en acción su responsabilidad. El fanático promedio que nunca ha jugado béisbol no tiene idea de cuán intrincadas pueden ser las estrategias para un hombre de segunda base o un *catcher*. Pero cuando reducen el enfoque, todos tienden a convertirse en expertos en lo que hacen.

Lo mismo sucede en una organización. Cuando reduce la responsabilidad y actividad de su iglesia, le permite a su personal convertirse en especialistas. El objetivo de cualquier organización debería ser desarrollar un equipo de personas expertas en su área de trabajo. Es por eso que algunas iglesias continúan estancadas en una programación mediocre. Una organización más simple y delimitada permite a cada individuo especializarse en una habilidad, como en estrategias para grupos pequeños, organización de eventos, crear publicaciones, comunicaciones efectivas, liderar personal, coordinar invitados, escribir lecciones y más.

Cuando a los individuos les pertenece un entorno o un grupo, los fuerza a cavar más profundo y descubrir más. Cuando hacen más de la misma cosa, la hacen mejor. Tienden a generar más ideas, crear mejores recursos e impactar más gente de la que hubieran impactado si tuvieran responsabilidades variadas. Los expertos se inclinan a implementar estrategias que son mucho más efectivas, de manera que las iglesias que crean especialistas tienen una clara ventaja sobre las iglesias que están llenas de especialistas en todo.

REDUCIR ES EL CAMINO

Cuando usted aplica el principio de *reducir el enfoque* a su entorno, descubre un número de ventajas casi inmediatas.

Cuanto más delimita cada entorno, mayor importancia adquiere. Si tiene un grupo completo de creyentes de secundaria, es mucho más fácil apuntar su comunicación a enseñarles algo acorde, a que si tuviera una habitación llena tanto de creyentes como de no creyentes.

Cuanto más delimita cada entorno, más conexión se logra. Cuando un entorno está enfocado en una etapa específica de la vida, el potencial de los individuos para comunicarse se incrementa. Cada vez que delimita el enfoque, magnifica el nivel de las relaciones. Por ejemplo, los chicos adolescentes se conectan, pero las chicas adolescentes se conectan más, y chicas adolescentes de la misma edad lo harán aún mejor.

Cuanto más delimita cada entorno, más calidad se obtiene. Muchas iglesias luchan por obtener excelencia, porque simplemente hacen demasiado. Cuando hay menos para hacer, pueden hacer más eficientemente lo que sea. Cuando las iglesias visitan North Point, a menudo remarcan el nivel de calidad que ven en un entorno dado.

Pero cuando les explicamos lo que *no* hacemos, generalmente admiten que podrían hacer lo que hacemos si fuera todo lo que hacen.

Cuanto más delimita cada entorno, más grande el impacto. Enfocar es lo que hace que un río tenga más fuerza que un pantano. También es la razón por la cual puede operarse con láser, pero no con la luz diminuta de una linterna. Así, algunas iglesias influencian a sus comunidades y otras no.

¿DEMASIADO PESADAS PARA HACER UN GIRO?

Es importante entender cómo *reducir el enfoque* es diferente a otras prácticas que hemos considerado hasta ahora. *Clarificar la victoria* significa evaluar y definir lo que realmente funciona. Es una práctica importante para familiarizar a todos en cuanto a qué se parece el éxito. *Pensar en pasos y no en programas*, es identificar e implementar programas que funcionen como pasos que lleven a la gente a una dirección estratégica.

Reducir el enfoque, por otro lado, es decidir hacer menos para ser más efectivos. Convocar a líderes a desarrollar habilidades y tener predisposición a eliminar ciertos programas, de manera que otros programas puedan ser más fuertes. Sugiere que usted cree marcas que son distintivas, y apuntan a un grupo específico. Requiere la creación de una lista de "lo que no hay que hacer", para proteger la organización de efectos colaterales de complejidad. Hay algo acerca de vivir en la complejidad, que con el tiempo lo ciega. Pero cuando se vuelve a lo que es simple, comienza a darse cuenta cómo eran las cosas.

Es como dejar la ciudad y manejar en las montañas. Cuando se eliminan las distracciones, es más fácil ver qué pasa. A menudo nos encontramos a nosotros mismos en conversaciones con miembros frustrados de otras iglesias. Ellos saben que hacen demasiado, pero no saben cómo parar. Y son víctimas de un sistema que es tan complicado, que están perdiendo su mejor talento. Algunas iglesias están tan cargadas con equipaje innecesario, que no pueden hacer un giro lo suficientemente rápido como para mantenerse al tanto del cambio cultural. Se quedan atrás porque tienen una carga que no es tan importante como ellos piensan.

Aun cuando admiten que se sienten demasiado complicadas, están todavía convencidas de que todo es necesario. No saben cómo regresar. Y nadie les dará el permiso para dejar de hacer nada. Están perdiendo su potencial para hacer un impacto, a causa de la complejidad de su organización. La Iglesia de hoy necesita líderes sabios y valientes, quienes simplificarán su actividad y reenfocarán su misión.

REENFOQUE SU MISIÓN

Siempre que una iglesia decida *reducir el enfoque* debería hacerlo en el contexto de nuestro llamado para conducir a las personas a seguir a Cristo. Por eso es que la Iglesia es básicamente diferente de cualquier otra organización. No estamos en asuntos de educación, reforma social o revolución política. Cualquiera de estos temas puede potencialmente diluir la efectividad de la Iglesia.

Podríamos pasar horas debatiendo en qué grado la Iglesia debería estar involucrada con un número de temas. Pero permanezcamos enfocados. La historia comprueba que para la Iglesia es muy fácil distraerse. Nuestro asunto es proveer esperanzas y salvación para el corazón humano. Enfréntelo; esa es una misión que definitivamente merece su atención completa.

- Identifique cualquier programa en su organización que esté brindando lo mismo que otro. ¿Cuál tiene el potencial de convertirse en más efectivo si elimina uno de los dos?

- ¿Hay un buen programa que debería eliminar para permitir que otro, más importante, se transforme en más efectivo?

- ¿Hay actividades o programas que sean barreras para la excelencia en su organización?

- Haga una lista de *lo que no hay que hacer*, determinando los programas que su organización no debería realizar. En otras palabras, decida ahora lo que nunca hará.

- Trate de unir una palabra, una frase corta para cada entorno, para marcar la diferencia en las mentes de sus líderes.

- Pida que cada uno de su equipo describa, en una sola oración, la contribución principal de los otros miembros del equipo. Haga conocer y considere cada lista.

ENSEÑAR MENOS POR MÁS

*Diga solamente lo que necesita decir
a las personas que necesitan oírlo*

Tengo cuadernos llenos de sermones y notas de estudio de *La Biblia* que escribí mientras crecía en la iglesia. Estoy seguro que mis viejas notas tienen un valor vigente, pero realmente nunca las uso. Cuando voy a conferencias, los expositores usualmente cubren tanto material que me voy de allí con un sentimiento de convicción vago, muy general. Nunca estoy seguro de lo que debería hacer.

El hecho es que he acumulado un montón de conocimiento en mi vida, con muy poca ayuda en un nivel práctico. Cada día somos bombardeados con sugerencias varias, opiniones e ideas. Cientos de libros de autoayuda se publican cada año; ofrecen consejos similares de cómo lidiar con los mismos problemas.

Hay varios pasos para cada objetivo y una lista sin fin de cosas que necesitamos aprender cómo hacerlas mejor. Nuestras listas tienen sublistas. Hasta podemos encontrarnos paralizados sin acción, porque no sabemos por dónde empezar. Mientras tratamos de absorber más y más hechos en esta era de información, podemos encontrar que somos capaces de saber y lograr menos.

SOBRECARGA DE INFORMACIÓN

Mi papá es el responsable principal de mi amor por el béisbol. Él me entrenó durante mis años de la Pequeña Liga. Y puedo recordar nuestras horas juntos en el campo de juego, practicando esquemas. Había ciertas habilidades básicas en las que pasé la mayoría de mi tiempo aprendiendo, pero había también un lenguaje que entendí gradualmente, que me ayudó a jugar. Muchas de estas palabras y frases están grabadas en la mente de la gente que alguna vez jugó el pasatiempo favorito de los Estados Unidos: "mantener la vista en la pelota", "usar las dos manos para atraparla", "atajar el golpe", "mantener la pelota enfrente de uno", "hacer contacto solamente".

La mayoría de las cosas que mis entrenadores me dijeron eran para ayudarme a mejorar en una de cuatro áreas: golpear, arrojar, atrapar y correr. Estoy seguro que había cosas diferentes que podía haber aprendido sobre béisbol, pero mi tiempo lo usaba para hacer unas pocas cosas. ¿Puede imaginar a los entrenadores usando el tiempo de la práctica para discutir la historia del béisbol con sus jugadores? ¿O dando una clase detallada de cómo funcionan las carteleras indicadoras de puntos o la mejor clase de pasto para cubrir un campo de juego? Estoy seguro que mi papá podría haberme enseñado mucho más acerca del juego, pero me enseñó únicamente lo que necesitaba saber para ser un mejor jugador. Eso es lo que se supone que hacen los entrenadores.

Un buen entrenador enseña cómo golpear una pelota rápida,

correr por las bases, atrapar una pelota aérea y arrojar a alguien afuera. Y no desperdician tiempo en nada que realmente no ayude a mejorar el juego. ¿Pero qué pasaría si decido trasladar el conocimiento del béisbol a mi esposa? Podría hacer tarjetas para cada frase crítica o dibujar diagramas detallados. Podría enumerarle las distintas situaciones que se enfrentaría como jugador, y explicarle qué debería hacer en cada caso.

¿Cuán rápido cree que incorporaría ese conocimiento cuando no tiene importancia para su vida diaria? Enfrentémoslo. No se aprende algo hasta que realmente se necesita saberlo. Y cuanto mayor la necesidad, más grande es el interés y el potencial para aprenderlo. Por ejemplo, nunca me interesé en la apologética, hasta que tuve que tratar con profesores agnósticos. Nunca escuché consejos sobre matrimonio, hasta después del día de mi boda. Nunca leí libros para padres, hasta que nacieron mis hijos. Nunca aprendí cómo usar diseño gráfico, hasta que tuve que diseñar mis presentaciones. Nunca comparé diferentes clases de motocicletas, hasta que decidí comprarme una.

¿Cuánto cree que hubiera aprendido acerca de estas cosas, antes de tener la necesidad de aprenderlas? La mayoría de la gente no aprende solamente para saber más. Aprenden cuando necesitan saber algo. Así que los comunicadores y maestros tienen una responsabilidad importante: deben asegurarse de que saben lo que la gente realmente necesita aprender. Y en algunas situaciones deben pasar tiempo asegurándose de que la gente entienda por qué necesitan aprender algo. Este es el único modo que un maestro puede esperar que cualquier alumno aprenda.

Inclusive demasiadas iglesias enseñan *lenguaje de béisbol* a personas que realmente no están interesadas en el juego. O en otros casos, tratan de explicar la historia del béisbol a alguien que lo único que quiere saber es cómo golpear y llegar a la base.

MENOS ES MÁS

Cuando decimos *enseñar menos por más*, decimos que deberíamos repensar qué y cómo comunicarlo a su equipo. Si *reducir el enfoque* sugiere hacer un impacto mayor cuando hace menos, *enseñar menos por más* implica que puede mejorar drásticamente cuánta gente aprende si es que usted enseña menos. Eso no necesariamente significa que diga menos palabras, sino que reduce el espectro de lo que se enseña para cubrir menos información. En algunos casos, dirá más acerca de menos cosas. Pero aquí está la clave. Las cosas que trate de enseñar deberían estar limitadas a aquellos aspectos que su gente necesita oír; en otras palabras, los principios básicos más apropiados para su audiencia en cuestión.

Esto es lo que llamamos *los mínimos irreductibles* del aprendizaje. John Coné, el vicepresidente de la Corporación Dell Computer de la Universidad de Dell, ha dicho:

> La filosofía de enseñar en la mayoría de las compañías, hoy es similar a las escuelas que yo asistía: un montón de gente sentada en un aula, con un experto al frente diciendo cosas. Siempre he pensado que esa era la forma natural en que la gente aprendía; sin embargo, hay que ver a los niños de cuatro años formándose espontáneamente en filas. La manera natural de aprender es simplemente ser quienes somos y hacer lo que hacemos. Los niños aprenden haciendo cosas. Y aprenden nuevas cosas cuando necesitan saberlas.[1]

Si usted es el responsable de entrenar su organización, debe aprender a priorizar información. Tiene que dar una mirada a lo que su audiencia necesita saber, y separar lo que es importante de lo que es solamente interesante. ¿Por qué? Porque tiene una cantidad delimitada de tiempo para comunicarse con esta gente. Y cuando se trata de información, todo el conocimiento no es igual. Hay hechos que sería mejor saber, y entonces hay información que es realmente interesante. Pero mucho más importante, hay un cuerpo de información que es fundamental que entiendan ciertos individuos en su organización.

Los buenos maestros comienzan por identificar cuál es el conocimiento más importante para sus alumnos.

ENSEÑAR CON EL FINAL EN MENTE

Hemos llevado a miles de líderes a través de un ejercicio mental que ayuda a explicar la idea de un mínimo irreducible. Andy presentó la idea en nuestra conferencia hace varios años. Imagine esto. Está a punto de retirarse del ministerio. Su pastor le ha dado un reloj de oro. Le pide que se pare al frente de manera que la gente pueda agradecerle sus años de dedicación.

Mientras está parado ahí, tres adolescentes se acercan y le agradecen por los cambios que usted ha hecho en sus vidas. Cada uno comienza con la frase: "Una cosa que aprendí de usted que nunca olvidaré es..." ¿Cómo quiere que terminen la frase? Tómese un minuto y complétela. Anote por lo menos tres cosas que le encantaría oír de los estudiantes que han pasado por su ministerio. No tres experiencias, sino tres cosas que haya enseñado que desea que nunca olviden. Tiene que enseñar con el fin en la mente. *Piense en pasos, no en programas* conteste a la pregunta: "¿Dónde quiere que la gente esté?", mientras que *Enseñar menos es más* conteste a la pregunta: "¿En qué quiere que se convierta la gente?"

Su ministerio necesita pintar una representación clara de: ¿en qué esperas que se convierta un niño con el tiempo, a medida que llega a la etapa de la escuela secundaria?

También necesita tener una buena idea de lo que los estudiantes deberían entender cuando comienzan la secundaria, cuando se gradúan y así sucesivamente. Cuando haya establecido una visión para cada etapa de la vida de las personas, habrá logrado una manera de medir lo que enseña. Esto también provee una imagen para utilizar, para mantener a sus maestros en la misma página.

Y cuando filtra todo lo que enseña a través de su lente, se hace mucho más fácil decidir qué debería decir, como así también lo que no. Cuando enseña con el final en su mente, está obligado a priorizar lo que enseña. Eso debe incluir cuáles partes de *La Biblia* usted enseña. Puede ser que sienta que está obligado a enseñar toda *La Biblia* a un grupo de edad específica. No trate de hacerlo. No puede amontonar toda *La Biblia* en unas pocas horas cada semana en algunos años. Eso sería recarga de información; estaría enseñando más por menos.

Por favor, considere las siguientes observaciones acerca de enseñar *Las Escrituras*. Léalas cuidadosamente antes de acusarnos de herejía. La práctica *Enseñar menos es más* está basada en tres premisas. La primera:

Todas Las Escrituras están igualmente inspiradas.

Hemos resumido nuestra doctrina a una sola oración. "Creemos que lo que dice *La Biblia* es realmente verdad", Pablo en 2 Timoteo 3:16 dice que *"Toda la Escritura es inspirada por Dios"*, y sigue sugiriendo que porque está inspirada debería ser la base para todo lo que enseñamos. Solamente que no creemos que sea posible enseñar *toda La Biblia* a cada grupo de edad. Así que considere la siguiente premisa:

Todas Las Escrituras no son igualmente importantes.

¿Una afirmación para ser cuestionada? Piénselo por un minuto. No estamos sugiriendo que el pasaje de alguien es más inspirado que el de otro; solo sugerimos que algunas verdades son más importantes que otras verdades. Isaías 40:22 dice: *"Él está sentado sobre el círculo de la tierra"*. Este es un pasaje inspirado. Algunos creen que esta descripción de una Tierra redonda intrigó a un hombre llamado Cristóbal Colón. Ahora considere otro pasaje en donde *La Biblia* dice algo sobre el mundo: *"Porque de tal manera amó Dios al mundo, que ha dado a su Hijo unigénito, para que todo aquel que en él cree, no se pierda, mas tenga vida eterna"* (Juan 3:16). Ambos pasajes están inspirados por igual. ¿Pero cree que son igualmente importantes?

Si tuviera solamente una oportunidad de enseñar a un grupo de chicos uno de los dos pasajes, ¿cuál elegiría? ¿No está convencido? Lea Mateo 22:37-38. Cuando Jesús describe enérgicamente una orden específica: *"Jesús le dijo: Amarás al Señor tu Dios con todo tu corazón, y con toda tu alma, y con toda tu mente. Este es el primero y grande mandamiento"*. Claramente establece el hecho de que varias verdades son más importantes que otras. Y esto nos conduce a una lógica tercera premisa:

Todas Las Escrituras no son igualmente aplicables.

Si ha trabajado con grupos de diferentes edades, sabe que es verdad. Debe haber verdades clave que son importantes para enseñar en cada etapa. Pero hay otras que no son adecuadas para un grupo específico de determinada edad. Esa es la razón por la cual no les enseñamos a los preescolares acerca de la bestia descripta en Apocalipsis. O no les decimos a nuestro grupo de jardín los detalles acerca de David y Betsabé. Tiene más sentido ayudar a crecer a los niños en su entendimiento de Dios como Padre de todos los cielos, y Jesús como alguien que quiere ser su mejor amigo para siempre.

Imagine hablarles a los chicos de quinto grado acerca de la genealogía de *La Biblia*. Es demasiado: es algo que no tendría sentido en su mundo. Pero con las hormonas dispuestas en el mundo de los adolescentes, podemos hacer una serie entera de David y Betsabé, o José y la esposa de Potifar. El objetivo de *enseñar menos por más* es identificar y preparar un paquete de lo que debe saberse, lo que no puede ser, principios adecuados a la edad y grupo a llegar. Si trabaja con secundarios, por ejemplo, tiene que ser realista acerca de cuánto tiempo tendrá con ellos antes de graduarse.

Si el suyo es como la mayoría de los ministerios, pasará alrededor de ciento cincuenta horas con aquellos que vienen a su programa consistentemente. Así que la pregunta es: ¿qué va a decir en el tiempo que tenga?

Necesita organizar su currículo. Esto es verdadero para los maestros de cada grupo. Algunas cosas son más significativas que otras.

Por supuesto, nunca debe comprometer las historias o principios que refuerzan la fe esencial. Debería ser una prioridad enseñar *Las Escrituras* que ayudan a alguien a entender la salvación, la gracia, la fe y otros aspectos fundamentales del Evangelio. La clave es tomarse el tiempo para decidir, antes, cuáles son los grandes temas para cada grupo, y entonces establecerlos como un mínimo irreducible. Recuerde: estas verdades cuidadosamente seleccionadas no son todo lo que es importante, sino lo más importante para que su audiencia sepa.

EL PRINCIPIO EN ACCIÓN

Hace varios años me senté en una habitación con padres y maestros, para repensar qué necesitábamos enseñar a nuestros niños. En ese momento tenía cuatro niños en la escuela primaria. Mientras veíamos los diferentes currículos, observé una planificación general impresa. Algo publicado que contestaría preguntas como: "¿Qué esperamos que los chicos entiendan cuando crezcan?" y "¿Cuáles son las verdades bíblicas que consideramos fundamentales para que este grupo abarque?". Muchos currículos están ordenados por tema. Algunos tratan de enseñar *La Biblia* entera en varios de años. Cada currículo trata de ser apropiado para la edad, y cada editor se esfuerza por demostrar que el suyo es bíblicamente sano.

El problema está en que muy pocos han sido desarrollados con un fin en mente. Cuando se observa el enfoque y la secuencia, y se revisa el currículo, uno debe preguntarse: "¿cómo va este plan de estudios a ayudar al niño a convertirse finalmente?". Cada clase y cada maestro debería estar equipado con una planificación que identifique específicamente en qué quieren que alguien se convierta como resultado de lo que enseñan. Enseñar sin un plan maestro es como elegir las piezas de un rompecabezas al azar, de cajas diferentes, y tratar a la fuerza de hacerlas encajar; nunca tendrá un cuadro final de su personal, líderes, voluntarios y hasta padres para ver y trabajar sobre él.

EL MODELO DE LUCAS 2:52

El pasaje de Lucas 2:52 ha sido siempre un desafío para mí, como padre y líder. El concepto que señala que Jesús creció en *"sabiduría y en estatura, y en gracia para con Dios y los hombres"* provee un modelo claro de crecimiento espiritual. Poco después de que mis niños nacieran, lo adopté como un objetivo personal para ellos y para cualquier otro chico a quien tuviera la responsabilidad de guiar. Es un pasaje corto y simple, pero que responde a la pregunta: "¿en qué quiero que se conviertan mis hijos?"

Hemos dividido el crecimiento espiritual de un niño en tres categorías, basándonos en el versículo: sabiduría, fe y amistad. Y hemos determinado que esos tres temas específicos son fundamentales para ayudar a los niños a convertirse en creyentes saludables:

1. La habilidad de tomar decisiones sabias basadas en la verdad de *Las Escrituras.*

2. La disposición de poner su fe en Dios a través de cada situación de vida.

3. La demostración de amor y amabilidad hacia la gente de su mundo.

Estos tres conceptos han sido moldeados y los usamos para desafiar a los padres y líderes. Queremos que cada niño que crezca y deje *UpStreet* o *KidStuf* diga: "Necesitamos hacer una elección sabia", "Puedo creer en Dios, sin importar cómo", "Debería tratar a otros de la manera en que quiero que me traten a mí". Estas frases proveen el filtro de todo lo que les enseñamos a los niños. Creamos un currículo llamado *"252 Basic"*, que organiza las historias de *La Biblia*, los principios de *Las Escrituras*, teatro y planificación de lecciones creativas alrededor de los tres conceptos. Desde el momento que un niño entra por la puerta, cada actividad refuerza un principio, una y otra vez.

Nuestras historias de *La Biblia* posicionan siempre a *Las Escrituras* como una fuente de sabiduría. La adoración enfatiza el poder y el amor de Dios. Los grupos pequeños les dan la oportunidad a los niños de ser amigos, de dialogar sobre su fe y alentarse unos a otros. Aquí está el punto. Cuando usted decide en qué quiere convertir a un niño, cambia la forma de enseñar. Y cuando cada padre, maestro y líder de un grupo pequeño se queda en la misma línea, ese chico tiene una mejor oportunidad de convertirse en lo que usted desea que se convierta. Enseña menos y obtiene más.

EL MÍNIMO IRREDUCIBLE
Del manual North Point

Nuestro objetivo es simple. Identificamos un grupo de verdades esenciales para cada grupo. Luego permitimos que nuestros líderes y personal enseñen estos principios una y otra vez, por el solo hecho de que los aprendan y apliquen. Aquí hay algunos ejemplos de varios de nuestros grupos por edades:

Queremos que nuestros preescolares se vayan sabiendo que: 1. Dios me hizo; 2. Dios me ama; 3. Jesús quiere ser mi amigo para siempre.

Queremos que nuestros niños se vayan sabiendo que: 1. Necesito hacer lo más sabio; 2. Puedo creer en Dios, para lo que sea; 3. Debo tratar a los otros de la manera en que quiero ser tratado.

Queremos que nuestros chicos de secundaria se gradúen sabiendo: 1. Puedo creer en Dios para todas las áreas de mi vida; 2. Cuando veo como Dios ve, haré como Dios dice; 3. La pureza prepara el camino a la intimidad; 4. Mis amigos determinarán la dirección y la calidad de mi vida; 5. Según mi experiencia y sueños futuros, ¿qué es lo más sabio que debo hacer?; 6. Debo considerar los intereses de los otros por sobre los propios; 7. La máxima libertad se encuentra en la autoridad de Dios.

El concepto de *enseñar menos por más* puede ser aplicado más allá de los grupos. Por ejemplo, hemos tenido recientemente conversaciones acerca de definir el mínimo irreductible para nuestro personal, pequeños grupos de líderes, para liderazgo, etc.

CUATRO PASOS PARA ENSEÑAR MENOS POR MÁS

Hay un proceso de cuatro pasos para enseñar menos por más.

1. Decidir qué vamos a decir

Hay tantos recursos de enseñanza disponibles, que para la iglesia es posible enseñar por años y nunca repetir nada. Sin embargo, nuestros líderes son responsables de determinar qué es importante que aprenda nuestra gente. Cada departamento ha utilizado tiempo para afinar la información principal, para adecuarla a la etapa de vida de cada grupo.

Al definir las necesidades de cada grupo específico por edades, y luego priorizar nuestras enseñanzas para llegar a esas necesidades, hemos establecido el mínimo irreductible para cada departamento.

2. Decidir que diremos una cosa por vez

El concepto de *enseñar menos por más* no solamente significa priorizar la información principal que tratamos de brindar, sino también que digamos menos en cada encuentro. La predicación tradicional trata de abarcar tanta información como sea posible en cada mensaje, con listas semejantes diseñadas para fijar a través del tiempo varios principios de vida cada semana en los corazones y mentes de los oyentes. El problema es que la gente no aprende de esa manera.

Demasiada información puede, de hecho, tener un efecto de cancelación; es decir, ideas múltiples o conceptos que pueden competir con otros por la atención y retención. Si usted presenta un pensamiento, entonces rápidamente pasa a otro y ahora este último está compitiendo con su primer pensamiento. Y con cada idea adicional que sea introducida, usted disminuye la efectividad de las ideas anteriores.

Nuestros directores de preescolar y niños recientemente leyeron el libro *The Tipping Point* [La clave del éxito], en el cual el autor, Malcolm Gladwell, hace varias observaciones interesantes acerca de qué es lo que hace que un mensaje impacte en las audiencias.

En un capítulo llamado "El factor de adherencia", Gladwell ilustra el efecto cancelatorio en la publicidad televisiva: de acuerdo con un estudio hecho por una firma de investigación en publicidad, donde hay al menos cuatro comerciales de quince segundos en una tanda comercial de dos minutos y medio, la efectividad de cualquier aviso de quince segundos da cero resultados.[2]

Por otro lado, hemos descubierto que cuando la gente se va de nuestro servicio de adoración entendiendo claramente un solo principio, es más posible que lo apliquen en su vida diaria.

LLÉVELOS DE VIAJE
Del manual North Point

Cuando se trata del sermón promedio del domingo a la mañana, la mayoría de los comunicadores parecen pensar que más es mejor. Más puntos, más historias, más versículos, más de todo. Y en lugar de irse a casa con un montón de ideas buenas, el oyente promedio se va sin nada. Andy Stanley ve su rol como el de un guía que invita a la gente a un viaje, un viaje que lo dirige a un principio de cambio de vida. La tarea es comprometer a la congregación, y guiar a cada oyente en una expedición para descubrir y llevar a casa ese principio.

Entre los elementos usados como vehículos están la música, el teatro y el video. Estos elementos deberían entregar un mensaje que está dirigido en la misma dirección que el sermón.

En la preparación para el domingo a la mañana, la planificación creativa gira en torno a un breve escrito, o el punto principal que estamos tratando de entender con la audiencia. Predeterminar el trasfondo de la idea y escribirlo para todos, asegura que cada componente creativo complementará ese principio. Hemos descubierto que es demasiado fácil derrochar energía creativa y frustrar pensadores talentosos, cuando no tienen en claro el motivo principal que los mantiene encarrilados.

Manteniendo a su equipo concentrado en una sola idea base, Julie Arnold, nuestra directora de programación del servicio de adoración, es capaz de crear todo el servicio para que la gente recuerde una sola cosa. Esto incrementa el "factor de adherencia", dándole a un principio básico bien postulado, una oportunidad de quedarse en las mentes de cada oyente.

Concéntrese en solo una verdad o principio; esto magnifica el potencial de cada oyente para entenderlo realmente.

3. Decidir cómo va a decirlo

La comunicación es comprometer la mente y el corazón del oyente y, por lo tanto, es importante recurrir a una diversidad de estilos de aprendizaje. Así que trabajamos en una variedad de maneras para mejorar el mensaje. No hay nada único o sobresaliente acerca de las herramientas que usamos: teatro, videos, música, humor... Todo lo que amplifique y clarifique lo que tratamos de decir.

Lo que es importante es que todo complementa la idea base. Por ejemplo, hemos descubierto que pueden pasar tantas cosas que una audiencia joven puede confundirse. Y cuando una audiencia se confunde, se desconecta.

4. Dígalo una y otra vez

Lo que vale la pena recordar es válido repetirlo siempre. La repetición no es mala. Es como aprendemos. Uno de los mitos que los maestros conservan es que para captar el interés del alumno hay que presentarles información constantemente. Como Andy diría: "La presentación, no la información es lo que atrapa la imaginación del alumno". Cuanto más creativo sea con su presentación, será más efectivo al comunicar información relevante.

Pueden escucharse más de diez versiones de la historia de *El buen samaritano*, y todas pueden enseñar sobre el amor incondicional de Dios. Pero la que recordará será aquella que fue presentada de una manera relevante y atractiva. Ya oímos lo mismo una y otra vez. El problema no es encontrar nueva información, sino en hacer una presentación mejor de lo que es eterno, de manera que nunca se considerará irrelevante.

POR QUÉ LAS IGLESIAS ENSEÑAN MÁS POR MENOS

Hay un número de razones por las cuales las iglesias encuentran difícil establecer *enseñar menos por más* como práctica en su organización. Es más fácil enseñar más por menos que menos por más. Los métodos convencionales son más fáciles. Cuando se enseña una lista de varios puntos, pueden pasarse unos pocos minutos desarrollando cada idea. Pero si usted enseña un solo principio, tiene que extenderlo y explicarlo creativamente hasta que se entienda completamente.

El contexto del ministerio tiende a ser más demandante que el contenido

El domingo viene cada semana y hay un montón de necesidades urgentes esperando al líder. La mayoría tiene que ver con el contexto del ministerio. Usted tiene que seleccionar música, arreglar el lugar, coordinar las necesidades técnicas, encontrar más líderes y demás cosas. ¿Pero que pasaría si se pasara ese mismo tiempo cada semana en lo debe ser enseñado? De hecho, el contexto debería ser secundario al contenido. Todo acerca de su entorno –las canciones, la decoración, el video– debería reforzar el contenido.

Han caído en el mito de "profundizar"

Algunos maestros jugarán la carta de "necesitar ir más profundo" para justificar su estilo de enseñanza. Demasiadas iglesias se han convertido en aulas. Algunos líderes han sido programados para enseñar de esa manera, mientras otros piensan que están yendo más profundo, cuando en realidad sus lecciones pasan por arriba de la cabeza de la gente. Cuando se enseña *menos por más*, no significa que se pierda el mensaje, solo que se enfoque. Como con la comida o bebida, un mensaje que es concentrado, es mucho más fuerte que uno diluido.

Se preocupan por no tener lo suficiente para decir

Cada maestro teme estar enfrente de una audiencia y quedarse sin material. Decir más cosas, sobre una sola, requiere más estudio, pero el objetivo no es rellenar el tiempo que queda con un montón de palabras. El objetivo de la comunicación no es cubrir un montón de material sino, más bien, que la gente aprenda. Como Howard Hendricks diría: "Si el alumno no ha aprendido, el maestro no ha enseñado".

Temen dejar algo afuera

La tentación es explicar *todo* sobre un tema, de manera que todos entiendan. Cuando se enseña sobre la gracia de Dios, por ejemplo, hay una tendencia a asegurarse que todos sepan dónde usted está parado con respecto al juicio de Dios. El concepto de *enseñar menos por más* sugiere que si tiene un plan maestro dirá todo lo que necesitan saber sobre un tema. Está bien si durante un sermón no cubre todos los aspectos del asunto. Nuevamente, en su intento de explicar todo, puede ser que su audiencia no entienda nada.

Lo que enseñan está predeterminado por entidades de afuera del ministerio

Cuando tenía alrededor de veinte años, trabajé con adolescentes. El currículo que nos daban parecía ser desactualizado e irrelevante, así que decidí por mi cuenta cambiarlo. Unas semanas entrado el nuevo programa, recibí un llamado telefónico de un padre preocupado. Mientras trataba de justificar el cambio en los materiales, recuerdo haber dicho:

– ¡La razón principal es que todos los estudiantes piensan que es aburrido!

Nunca olvidaré la respuesta del padre. Dijo:

– ¿Qué tiene que ver eso? Yo crecí usándolo y era aburrido.

Poco después, recibí un llamado de nuestro representante del plan de estudios.

Desdichadamente, lo que usted enseña puede ser influenciado por numerosas fuerzas externas Y mi experiencia dice que estas últimas pueden proveer grandes recursos. Pero algunas veces su método parece amenazado por otros más nuevos e importantes. Solo recuerde que usted es el responsable de la vida espiritual de los que asisten a su iglesia.

Una vez que definió los mínimos irreductibles de su ministerio, debe decidir qué recursos encajan mejor con lo que trata de decir. No deje que otros le vendan lo que usted quiere decir. De tanto en tanto, la gente nos pregunta: "¿Qué plan de estudios usa?"

Una pregunta mejor es: "¿Qué les enseña a sus hijos?" Si no sabe la respuesta, realmente no importa qué plan de estudios elija.

Confunden la diferencia entre información y aplicación

La primera vez que hablé en la iglesia fue un momento decisivo. Recibí felicitaciones de los oyentes, y en el almuerzo esperaba un comentario de mi padre. Nunca olvidaré lo que dijo:

– Estuvo bastante bien, pero la próxima vez que hables, necesitas pensar en la gente que vive en el mundo real.

Dolió, pero era verdad. La gente que vive en el mundo real tiene una manera de ver más allá de los principios superficiales y estereotipos vacíos. Es fácil hablar de cualquier tema, si se investiga un poco puede encontrarse mucho material. Pero, si se le enseña algo que no necesita, la gente no va a oírlo.

Cuando mire sus lecciones o notas del sermón, la pregunta a hacerse no es: ¿es verdad?, ¿es interesante?, ¿es creativo?, ¿es apasionante?, ¿es entretenido? En lugar de eso, pregúntese: ¿es de ayuda? Si no es de ayuda, entonces no es relevante.

El primer año de mi hijo en la secundaria fue una educación para mí. Ese primer invierno estudiamos toda la noche para un examen de literatura que valía un veinticinco por ciento de su nota final. Estaba insistiéndole a mi hijo con un drama de Shakespeare cuando, casi a la una de la mañana, después de horas de tratar de adivinar qué necesitaba memorizar, me miró y me dijo:

– ¿Por qué tengo que saber esto?

Podría decir que estaba frustrado, así que le di la clásica charla paternal de diez minutos acerca de los beneficios de la educación que estaba recibiendo. Mi hijo no estaba impresionado.

– ¿Sabes lo que realmente necesito saber? –preguntó.

Un poco sorprendido de que estuviera en realidad interesado en aprender, contesté:

– ¿Qué necesitas saber?

Luego sonrió y dijo:

– Necesito saber cómo bailar. El baile es en unas pocas semanas y creo que es algo importante para saber.

He pensado bastante en esa conversación en los últimos años. Las personas van a la iglesia cada semana y escuchan a alguien enseñar sobre Shakespeare, cuando lo que quieren saber es cómo bailar. Los niños vienen a nuestros programas y, aunque no lo digan en voz alta, tienen un problema en casa y desean que alguien les enseñe los movimientos correctos. Nuestros adolescentes enfrentan tentaciones increíbles y temas personales, y vienen a nuestra iglesia porque necesitan saber cómo dar el próximo paso sin tropezar con su propio pie.

Shakespeare puede ser interesante, pero para la mayoría de nosotros no es de mucha ayuda. Las personas necesitan maestros que pongan prioridades en lo que comunican. Necesitan líderes que los lleven de la mano y les enseñen cómo bailar.

• Identifique un puñado de cosas que deben saberse, indispensables, de principios acordes a la edad –mínimos irreductibles– para cada grupo en cuestión en su iglesia: adultos casados, estudiantes de secundaria, preescolares, etc.

• Establezca su mínimo irreductible de una manera creativa, de manera que sus líderes y voluntarios puedan recordar.

• Practique redactar de una manera clara el concepto esencial que desea comunicar, en un mensaje o lección reciente.

• Evalúe un servicio de adoración reciente e identifique qué elementos –música, drama, anuncios– no complementaron el enfoque del mensaje. Recuerde: el objetivo de todo es reforzar el concepto básico. Para el próximo domingo ¿qué cambiaría para *enseñar menos por más?*

• Provea ideas sobre algunas herramientas nuevas o elementos creativos que pueda usar para mejorar sus producciones o entornos.

Práctica nº 5

ESCUCHE A LOS DE AFUERA

Enfóquese en quién trata de alcanzar
y no a quién quiere conservar

Como James Earl Jones recita en su famoso monólogo de la película *El campo de los sueños*: "El pensamiento constante todos estos años ha sido el béisbol. Los Estados Unidos ha rodado como una aplanadora. Ha sido borrado como una pizarra, reconstruido y borrado nuevamente. Pero el béisbol ha marcado el tiempo". A través de los últimos ciento cincuenta años los Estados Unidos han soportado una guerra civil, dos guerras mundiales, economías fuertes, economías difíciles y hasta la Gran Depresión. Pero siempre existió el béisbol.

Hasta 1994, el año de la huelga.

Ese año *los de adentro* del béisbol estaban ocupados haciendo lo que *los de adentro* de cualquier organización hacen: discutiendo, debatiendo y negociando unos con otros. El acuerdo colectivo ofrecido entre la asociación de jugadores y los dueños de los equipos, se había desvanecido. Y la temporada, que había comenzado durante los meses de primavera y verano, seguía reflejando los intereses de aquellos que ganaban dinero con el béisbol. En los Estados Unidos todos aprendieron que cuando se trataba de su juego amado, había dos grupos. Estaban *los de adentro*, los propietarios, jugadores, abogados y el sindicato. Y *los de afuera,* los fanáticos.

Cada tanto, los medios entrevistarían a un hincha decepcionado que contaría el descontento de la gente. Ocasionalmente, alguien representando a los dueños o a los jugadores se dirigiría al público y hablaría en términos exaltados acerca de los intereses del béisbol y sus fanáticos. Pero la verdad es que los fanáticos estaban fuera del debate, y no había uno solo que quisiera una huelga.

Había quejas legítimas de ambos lados de la mesa de ofertas, y había jugadores y dueños quienes genuinamente no querían una huelga. Pero al final, no pudo ser evitada. Y aunque se perdieron millones por las entradas y los contratos de televisión, los perdedores reales eran los fanáticos. *Los de afuera.* Por primera vez en la historia no hubo Serie Mundial.

PENSAMIENTO DE LOS QUE ESTÁN ADENTRO

Es fácil para las necesidades o intereses de *los de adentro* manejar las prioridades de cualquier organización. Por la tendencia natural de cualquier grupo a convertirse en grupo cerrado. Si usted está lo suficientemente rodeado por gente que piensa como usted, creerá más y más que es la mejor manera de pensar. Con el tiempo se encontrará inclinado a desatender las voces que no son compatibles con su opinión que vienen desde *el exterior.*

Poco después de mudarnos a Atlanta, Debbie y yo decidimos que necesitábamos un auto nuevo. Así que pasamos un sábado entero, con nuestros cuatro hijos en edad de escuela primaria, viendo de negocio en negocio en el área del metro.

La odisea fue tan agotadora que casi decidimos tomar nuestras bicicletas y esperar otro año antes de comprar un auto. Toda la idea de la compra de un auto nuevo se diluía.

El discurso mecánico comenzaba diciendo: "Tenemos uno especial, solamente esta semana".

Un vendedor que nunca había visto antes, simulaba ser mi mejor amigo... hasta que descubría cuánto puedo gastar en realidad.

Fui presionado a tomar una decisión que no quería ni necesitaba. A discutir por un precio elevado, cuando en realidad lo que deseaba saber era *el precio real*.

En un negocio entré sin que se dieran cuenta dos vendedores, y escuché cuando uno le preguntaba al otro:

– ¿A cuántos *agarraste* hoy?

Recuerdo haber pensado: *"No quiero ser atrapado, sino que alguien me ayude"*.

Puede pensar usted que así es la naturaleza del negocio de vender autos, pero lo que descubrimos en el último negocio ese día, fue una sorpresa refrescante. Ante todo, entramos al salón sin ser molestados por vendedores celosos. Recuerdo haber entrado a una gran habitación con terminales de computadoras sobre la pared. Había un mostrador central en donde un cartel decía: "Háganos saber si necesita ayuda". En la esquina de atrás había un sector vidriado para los chicos, ¡provisto con una niñera! Del otro lado había un pequeño café que invitaba con refrescos y algo de comer.

Le dimos nuestro nombre a quien nos recibió en el mostrador, registramos a nuestros niños en el lugar de juegos y nos sentamos a ver una computadora. Escribimos nuestra posibilidad de compra y el modelo en el que estábamos interesados, y la computadora imprimió una lista de autos compatibles con foto y precio. Hasta decía dónde estaban los autos en el predio. Pronto alguien dijo nuestro nombre y nos encontramos con el vendedor asignado para nosotros.

Luego de presentarse, el vendedor dijo algo asombroso:

— Nuestra compañía no contrata gente que sea profesional para vender autos. La mayoría de nosotros no somos profesionales. Este es mi primer trabajo de vendedor de autos. Soy casi como ustedes. Hay algo más que deben saber: los precios de las etiquetas son el *precio real*, no hemos construido un precio inflado, eso significa que no hay *negociación*. Solo estaremos con ustedes hasta que estén cómodos con lo que les ofrecemos.

Cuando me fui ese día, no me sentí atacado o usado. Nadie me había manipulado o presionado. Y casi compro un auto.

PENSAR DESDE AFUERA

Muchas concesionarias de autos tienen una prioridad: vender autos. Pero esta tenía una distinta: ayudar al cliente. Imagino a alguien parado en una reunión un día diciendo:

— Muchachos, hemos estado en este negocio por tanto tiempo que olvidamos cómo es tener que comprar un auto. Necesitamos *repensar* cómo tratamos al cliente, y recordar cómo es caminar en sus zapatos.

Alguno de nosotros ha estado en la iglesia por tanto tiempo, que hemos olvidado cómo es nunca asistir. Hemos creído por tanto tiempo lo que creemos, que no sabemos cómo piensa un no creyente. Y cuando la persona promedio aparece en nuestra iglesia por primera vez, demasiado a menudo él o ella se siente como el cliente que entra en una concesionaria. En muchos casos la persona sospecha, se siente presionada y hasta manipulada.

La Iglesia de la Comunidad de North Point fue establecida en parte para ser una alternativa a lo que la gente experimenta en otras iglesias. Creamos una iglesia con *los de afuera* en mente. Después de todo, Atlanta no necesitaba otra iglesia. En Atlanta hay más iglesias que W*affles House* [restaurantes de comida rápida], y si alguna vez estuvo en el sur, sabe que es así. Más aún, la mayoría de la gente aquí no iba a las iglesias. Así que nos pusimos el objetivo de no alcanzar a los que ya asistían, sino llegar a quienes no iban a ninguna parte.

Considere estas estadísticas. De acuerdo con Barna Research, alrededor de cien millones de estadounidenses de todas las edades no van a la iglesia. "Si todos los que no van a la iglesia en Estados Unidos fuesen una nación por sí mismos, sería el país número once más poblado de la Tierra."[1] Esos sí que son un montón.

Probablemente usted maneja junto a ellos cada domingo cuando va hacia la iglesia. También pasa numerosas iglesias por el camino, la mayoría de las cuales no están llenas en su capacidad total. De manera que si una gran parte de la población no va a la iglesia y la mayoría de las iglesias no están completas, eso significa que hay mucho lugar en las iglesias existentes para la gente que no va. Y, sin embargo, la mayoría de *las iglesias son construidas sobre iglesias que ya existen.*

Nuestro punto es que las iglesias por todo el país luchan para reflejar los intereses, valores y necesidades de la gente que ya asiste a la iglesia. Esta última está principalmente caracterizada por *los de adentro* que tratan de alcanzar a *los de adentro.*

Lea o estudie cualquier reporte acerca de la asistencia en los Estados Unidos de América. Todos sugieren la misma cosa. Cada generación es más escéptica y asiste menos. La mayoría de los expertos cree que el setenta por ciento de los estudiantes secundarios abandonará la iglesia antes de ir a la universidad. La asistencia está en declive, y aquellos *del exterior* parecen estar con una indiferencia creciente hacia lo que la iglesia tiene para ofrecer. Millones de *los de afuera* ven lo que la iglesia hace como irrelevante y, sin embargo, la mayoría de las iglesias lo sigue haciendo como siempre.

Por la misma lógica, apliquemos un poco de sentido común a esto. ¿Tendría más sentido tratar y capturar un mercado que ya está saturado, en donde la mayoría de los clientes usa su producto? Puede continuar tratando de alcanzar al cliente que ya ha sido alcanzado, o puede intentar alcanzar nuevos clientes.

Si este lenguaje parece demasiado terrenal, clarifiquemos el concepto desde *Las Escrituras*. Jesús dijo: *"Porque el Hijo del Hombre vino a buscar y a salvar lo que se había perdido"* (Lucas 19:10). Él les ordenó a sus seguidores entrar al mundo y hacer discípulos de aquellos que no eran seguidores (vea Mateo 28:19). Un día Jesús enseñó el concepto llevándolo a un extremo radical, cuando contó la historia del pastor que tenía cien ovejas. Sugirió que era apropiado abandonar las noventa y nueve que estaban a salvo para ir a buscar a la perdida.

CUÁNDO IGNORAR A LOS DE ADENTRO

¿Qué piensa que diría Jesús de abandonar a casi el sesenta por ciento de quienes asisten a las iglesias, en los Estados Unidos, para alcanzar al cuarenta por ciento que no va? Hay una audiencia masiva potencial que es sacrificada porque muchas iglesias tratan de conservar un puñado de clientes tradicionales satisfechos.

El hecho es que usted difícilmente tiene que esforzarse para escuchar a *los de adentro* del ministerio. Le dejarán saber qué piensan. ¿Por qué? ¡Porque están allí! ¿Cuándo fue la última vez que oyó a los que *no* venían a la iglesia? No oye de ellos porque no están allí, y es por eso que tiene que decidir si quiere saber qué piensan.

Ninguno de nosotros puede recordar la época cuando alguien, que no venía a la iglesia, nos decía: "Solo quería que sepas que si hicieras las cosas de manera diferente entonces comenzaría a ir a tu iglesia". Pero hemos tolerado un sinnúmero de llamados telefónicos y reuniones con *los de adentro* que estaban frustrados, o se quejaban cuando algo no funcionaba como ellos querían.

Obviamente, los problemas pueden surgir si elige ignorar *al de adentro* por alcanzar *al de afuera*. ¿Y si pierde a alguno de los de adentro? Las chances son que sí los perderá, especialmente si *los de adentro* están acostumbrados a que den vueltas *alrededor* de ellos. Algunos líderes de iglesia advertirán sobre "sacrificar el discipulado" por un acercamiento que es "demasiado evangelístico" (como si fuera posible ser *demasiado* evangelístico). Otros le advertirán de hacer una cuidadosa transición a este nuevo énfasis, para tener a todos a bordo (como si todos estuvieran a bordo).

No sugerimos algo desequilibrado, no sugerimos ser descuidados. Usted debería guiar a su iglesia para invertir en *los de afuera* estratégicamente. Debería esforzarse por encontrar un delicado balance entre facilitar el crecimiento de los creyentes y alcanzar a aquellos que no van a la iglesia. Pero no cometa el error de apilar excusas y ensillar su ministerio con la idea de *los de adentro* y, por lo tanto, se paralice su potencial de alcanzar a *los de afuera*. Demasiadas iglesias se esconden detrás de lo que es conveniente y cómodo, mientras una generación entera se deja en la oscuridad.

Toda iglesia, cualquiera sea su historia, lucha con convertirse en una organización con mentalidad cerrada. Durante los primeros días de North Point, un manojo de miembros frustrados amenazó con irse, porque no lográbamos acomodarnos a sus necesidades específicas. La decisión más fácil hubiera sido adaptarnos, para comenzar cualquier programa que los hiciera felices. Pero, lo que Andy me dijo ese día tiene que ser liberador para cualquiera en el ministerio con pasión por alcanzar a *los de afuera*. Dijo:

– Esta decisión no puede estar basada en *a quiénes conservaremos*, sino en *a quiénes alcanzaremos*.

ESCUCHEN A LOS DE ADENTRO
QUE OYEN A LOS DE AFUERA

Durante una reunión de lunes a la mañana, luchamos por clarificar nuestros valores como organización. Hubo un momento importante cuando una pregunta crítica fue puesta sobre la mesa:

– ¿Si algo cambiara en nosotros como iglesia, qué sería lo que nos movería a irnos para trabajar en cualquier otro lugar?

Cada uno admitió que se iría de nuestra iglesia si estuviera saturada de creyentes y no hubiera lugar para alcanzar a *los de afuera.*

El pegamento que ha sostenido nuestro grupo de liderazgo a través de un sinnúmero de debates, es un compromiso de crear entornos que atraigan a los que no van a la iglesia. Nos esforzamos por hacer de North Point no solamente un lugar seguro para *los de afuera,* sino también para *los de adentro,* como así también para *los de adentro* que traen a los de afuera, un lugar para creyentes que pueden traer a sus amigos.

Durante el primer año de nuestra existencia creamos la frase "invertir e invitar", como una manera de desafiar a cada líder y asistente para lograr que *los de afuera* sean su prioridad. Esta oración simple sugiere que cada persona sea la responsable de hacer una inversión personal en la vida de alguien y traerlo a uno de los entornos de North Point. El concepto fue muy contagioso entre los líderes y ancianos, hasta para el personal y asistentes. ¡Aún conocemos algunos no creyentes que han invertido e invitado a otros de afuera de la iglesia!

Cuando *alguien de adentro* invierte en *alguien de afuera* de la iglesia, algo cambia. El corazón sigue la inversión, y el resultado es una auténtica relación entre *alguien de adentro* y *alguien de afuera.* Es por eso que Jesús dijo: *"Porque donde esté vuestro tesoro, allí estará también vuestro corazón"* (Mateo 6:21). Lo que sucedió, en los corazones de *los de adentro,* ha sido tan significativo como lo que comprobamos en los corazones de *los de afuera.*

La estrategia de *invertir e invitar* ha cambiado radicalmente nuestra visión del evangelismo. Muchos de nosotros hemos crecido en iglesias que enseñaban clases de evangelismo, hacían llamados al altar, entregaban folletos y enviaban a los miembros a golpear la puerta de los extraños. Sin embargo, ninguno de estos enfoques, movilizaba efectivamente a la mayoría de los miembros para involucrarse personalmente en alcanzar a los que no estaban dentro de la iglesia. Para el creyente promedio, muchas de estas técnicas parecían demasiado directas o raras. Así que la responsabilidad para el evangelismo era usualmente asumida por un puñado de "expertos" entrenados.

Más tarde, muchas iglesias cambiaron a un enfoque más natural, dando nacimiento a un movimiento llamado evangelismo como estilo de vida, o evangelismo relacional. La idea era que todos deberían priorizar sus amistades para asegurarse que invertían en alguien que necesitaba a Cristo. Esto animaba al diálogo espiritual en un contexto de amistad auténtica, para *el de adentro* y *el de afuera*. Es el opuesto del típico vendedor de autos que se acerca al evangelismo. El estilo de vida del evangelismo funciona de acuerdo con las relaciones que suceden naturalmente, y es algo que la mayoría de los creyentes pueden hacer.

Hay un solo problema: este enfoque puede ser escaso, por un número de razones. Por ejemplo, cada creyente habla desde un nivel de maduración espiritual diferente. ¿Qué hace cuando ha llevado a un amigo tan lejos como quería? ¿Dónde va su amigo entonces? ¿Cómo explica temas con los que no se siente preparado? Es por eso que decimos *invierta e invite*. El *invitar* le permite al creyente traer a un amigo a un ambiente donde tales temas pueden ser tratados. Nuestro *Salón de recepción* y el *Ambiente de cocina* están diseñados para no ser amenazadores, son lugares cómodos para ayudar a los amigos no alcanzados a moverse al nivel siguiente en su peregrinaje espiritual.

Por supuesto, si alentamos a los que asisten a practicar una inversión sin crear un entorno efectivo en dónde puedan invitar a alguien, todo el concepto se desvanecerá. La mayoría de los creyentes creen inadecuado evangelizar a sus amigos, si sienten que la iglesia no les proveerá apoyo cuando sus preguntas sean demasiado complicadas para el creyente promedio. Cuando ambos lados del principio de *invertir e invitar* se practican fervientemente, entonces todos hacen lo mejor posible. Los creyentes se apasionan por hablar de su fe con sus amigos, y los miembros del personal crean entornos donde los amigos que no van a la iglesia se sienten bienvenidos y cuidados.

¿INVITACIÓN FORMAL O INFORMAL?

Del manual North Point

Un líder de otra iglesia que visitó nuestros servicios preguntó:

– ¿Por qué no son evangelísticos?

Esto era sorprendente para nosotros, porque había asistido a varios de nuestros ambientes y aún se preguntaba sobre nuestra pasión por alcanzar a *los de afuera*. Pero él comentó:

– Noté que al final de su servicio no dan una invitación formal.

Para muchos el evangelismo se define como dar un llamado al altar, al final de cada servicio. Tiene sentido; si su prioridad es alcanzar a *los de afuera,* entonces ¿dejaría pasar la oportunidad de una respuesta al Evangelio? Pero, hemos descubierto que una oportunidad formal tiene el potencial de convertirse en una barrera para algunas personas.

Desafiamos al mismo líder de iglesia con algunas preguntas nuestras:

– ¿Deberíamos asumir que todos los que vienen a la iglesia, sin importar su entorno, se sienten bien con la idea de pararse enfrente de varios miles de personas y considerar con alguien, que nunca vieron antes, algún tema muy personal?

No malinterprete. No sugerimos que esa clase de invitación esté mal, y ciertamente es importante ayudar a todos a dar el próximo paso para ser cristiano. Pero creemos que nuestra estrategia, *invertir e invitar,* ayuda a muchos de nuestros miembros para presentar a sus amigos una invitación más informal cada domingo. Y estamos convencidos, por las historias y los testimonios del número de gente que cree en Dios, que una invitación formal cada semana no debe ser parte de nuestra cultura en particular.

Cada iglesia tiene que descubrir qué funciona en su cultura para ayudar a *los de afuera* a convertirse en cristianos. Sería posible que, si nuestros líderes apareciesen en otra iglesia –donde hicieran una invitación formal cada semana– y vieran que *los de afuera* son forzados a tomar el camino más largo antes de convertirse en cristianos, se vieran tentados a preguntar:

– ¿Por qué no son evangelizadores? ¿Por qué hacen tan difícil que alguien confíe en Dios, si *La Biblia* lo hace tan simple?

La estrategia *invierta e invite* inspira a todos para oír más atentamente a los que escuchan a *los de afuera*. Cuando ellos son invitados y aparecen, todo cambia. Imagine el escenario. Ha trabajado lado a lado con un asociado por un número de años. Ha invertido en su vida. Pasó tiempo de calidad con él y su familia. Ha probado ser un buen amigo en su vida. Al final de su día de trabajo, un viernes, le dice que va a traer a su familia a visitar su iglesia ese domingo. ¿Cómo se siente con eso? ¿Comienza a preguntarse qué planea para el domingo? Hasta está tentado de llamar y ver quién va a hablar y cuál es el tema, solamente para estar seguro que todo será correcto.

¿Cómo le afectará sentarse al lado de él durante el servicio? El hecho es que ese día va a ser diferente. Oirá todo distinto al tratar de imaginarse cómo su amigo escucha lo que se dice. Escuchará a través de los oídos de *alguien de afuera*.

Cuando se presentan suficientes personas con amigos, todos en la iglesia serán forzados a escuchar con un filtro diferente. Todo lo que haga su iglesia será evaluado más de cerca. Hemos descubierto que al invitar a *los de afuera* estamos alerta de cómo piensan y qué necesitan. Si arrojamos mal la pelota un determinado domingo, no sería raro recibir un montón de correos electrónicos con sugerencias sobre cómo podemos mejorar. La gente quiere que sus amigos tengan una buena primera impresión de la iglesia.

Pone una presión saludable sobre nosotros el considerar cuidadosamente cómo programamos y comunicamos. Eso no significa que diluyamos la verdad de lo que enseñamos, pero estamos también conscientes de *cómo* decimos lo que decimos. Andy, por ejemplo, es cuidadoso cuando se acerca a un tema que sabe va a ser raro para *alguien de afuera*. Algunas veces, es tan simple como reconocer que entendemos que tal vez piensen que nuestra perspectiva parece ilógica o estrecha. A veces es la naturaleza de la verdad que enseñamos. Lo peor que podemos hacer es enseñarles a *los de adentro* como si *los de afuera* no estuvieran en la habitación. Entonces seríamos culpables de ignorar y hasta de ser descorteses con nuestros invitados.

Cuando los asistentes y voluntarios están acostumbrados a tener a los no creyentes en la iglesia, no pueden evitar reconocer el significado de cómo actúan y sirven. Hemos visto miembros dar el asiento a visitantes, y en muchos casos asistir a servicios más temprano y con menos gente, para hacer lugar a *los de afuera*. *KidStuf* se llenaba tanto de gente que algunas familias no podían entrar, había padres que dejaban de ir para que los que no asistían a la iglesia lo hicieran. Desde el estacionamiento hasta la *nursery*, todos parecían estar comprometidos en hacer sentir bien a *los de afuera*.

Para decirlo de otra manera, *los de adentro* han decidido que las necesidades de *los de afuera* son más importantes que las suyas. Cuando eso sucede, la práctica de oír a *los de afuera* se ha convertido en una parte integral de su cultura.

Nuestro equipo de liderazgo ha debatido recientemente la pregunta. "¿Quién es nuestro cliente?" En un nivel todos estamos de acuerdo que nuestro cliente principal es *el de afuera* que no asiste.

Pero también admitimos que la mejor manera de oír a *los de afuera*, es oír a *los de adentro*. Si sus corazones están realmente enfocados en las necesidades y temas que *los de afuera* enfrentan, entonces lo que tienen que decirnos es crucial.

OÍR A ORGANIZACIONES QUE ALCANCEN A LOS DE AFUERA

Hace algunos años Tony Campolo escribió un libro con el intrigante título: *We Have Met the Enemy and They Are Partly Right* [Hemos encontrado al enemigo y en parte tiene razón]. Allí Campolo dejaba implícito que los cristianos pueden aprender mucho de organizaciones que no son cristianas. Tiene sentido que, si apuntamos a ciertos grupos de acuerdo a la edad o datos demográficos, necesitamos estudiar a los expertos de nuestra cultura que han probado ser más efectivos para alcanzar a esos grupos. Por ejemplo, nuestro ministerio de niño observa Disney Channel, Nickelodeon, Cartón Network, etc. Nuestro ministerio de estudiantes aprenderá de MTV y la cadena WB cuando identifica temas que interesan a los estudiantes.

Recientemente, cuando Andy trabajaba en su serie para hombres y mujeres de negocios, trajimos varios ejemplares atrasados de la revista *Fast Company,* y creamos una cartelera creativa con artículos que se dirigían a problemas que la comunidad de los negocios enfrentaba. Se gastan miles de millones de dólares cada año, en organizaciones para aprender acerca del mercado dirigido a las mismas personas *de afuera* que estamos tratando de alcanzar. En muchos casos, cuando pensábamos que entendíamos los temas intuitivamente, hallamos que estábamos errados.

Nuevamente, muchos de nosotros habíamos estado demasiado del lado *de adentro* y estábamos sordos a lo que nos decían *los de afuera.* Si se es sordo por mucho tiempo, se verá afectada la manera en que habla. La razón, por la cual muchas iglesias no se conectan con *los de afuera*, es porque no han pasado el tiempo suficiente aprendiendo el lenguaje correcto.

**Para oír efectivamente a *los de afuera*,
debe aprender su lenguaje.**

HABLAR EL LENGUAJE CORRECTO

Hace algunos años asistí a una conferencia de pastores, de cierta denominación, en donde Bill Hybels fue invitado para hablar. Era extremadamente extraño que *alguien de afuera* fuera invitado, y había controversias en cuanto al evento, ya que un número de pastores cuestionó la decisión de darle a Hybels la plataforma. Por una parte, algunos líderes criticaban el uso de teatro, música y otras técnicas que Willow Creek había implementado con éxito para captar a *los de afuera*.

Al día siguiente hubo tensión cuando Bill Hybels subió a la plataforma. Luego de la actuación de teatro de Willow Creek, Hybels se enfocó en una ilustración de Jesús asistiendo a una fiesta en la casa de Mateo. Toda la hora moldeó un mensaje simple y clásico de "buscar y salvar al perdido". Yo estaba estratégicamente posicionado detrás de uno de los líderes prominentes, esperando oír su respuesta a lo que Hybels había dicho. A la mitad del mensaje se inclinó hacia uno de los líderes más jóvenes y señaló: "No sé por qué todo el lío. No parece predicador para nada. Habla como alguien que no es de la iglesia".

Recuerdo que pensé: *Has oído tanto tiempo a través de los oídos de un predicador que no puedes oír lo que necesitas escuchar. Te lo estás perdiendo. Estás evaluando la técnica de predicar en lugar de oír lo que dice.*

Además, ¿no es ese el punto? Bill Hybels debería hablar como alguien que no es de la iglesia. Él es apasionado al hablar el lenguaje de la gente a la que trata de alcanzar, y es por eso que llega a miles de buscadores cada semana.

Eso fue hace más de una década, y es triste pensar que aún hay líderes que no lo entienden. Bill Hybels ha sido un pionero en repensar el rol de la iglesia para alcanzar la cultura. La mayoría de los líderes que estuvieron ese día allí, volvieron a sus asuntos en iglesias que tenían asistencia en baja. Pero hubo otros que no estaban satisfechos con simplemente nutrir y alcanzar a *los de adentro*, y fueron inspirados para cambiar la manera de hacer la iglesia.

EL DÍA QUE LOS ESTADOS UNIDOS FUE A LA IGLESIA

El domingo siguiente al 11 de septiembre de 2001 debería estar grabado en la mente de cada líder de iglesia para siempre. Nuestro mundo fue golpeado con una de las tragedias más grandes en la historia de los Estados Unidos, y es interesante ver para dónde fue la mayoría de la población durante la crisis. El norteamericano promedio, quien en general estaba desinteresado por los asuntos de la fe, se dejó ver ese domingo en la iglesia local.

El edificio de North Point estaba lleno de gente *de afuera*. Necesitaban una dirección espiritual, por estar al borde. Esa noche en casa miraba las noticias con una de mis hijas adolescentes. Una cadena de televisión importante había registrado lo que sucedió en las iglesias ese día en el país. Nos sentamos y vimos miles de personas haciendo filas en sinagogas, catedrales e iglesias. Oímos a sacerdotes, rabinos y pastores mientras se dirigían al público en este momento crítico en nuestra historia como país. Pero esa noche oímos con oídos diferentes.

Cuando terminó el programa mi hija dijo:

– Es tan triste.

– ¿Qué quieres decir? –pregunté.

– Que toda esa gente fuera a la iglesia y parece como si ninguno dijera lo que ellos necesitan oír. –Y agregó– Solo deseo que hayan oído lo que yo oí hoy.

La siguiente semana las multitudes disminuyeron. Y la mayoría de las iglesias volvió a su rutina.

¿Y si decidimos que cada domingo tuviera el potencial de ser como ése después del 11 de septiembre? ¿Y si pasáramos cada semana preparándonos para albergar a *los de afuera* que posiblemente se presenten?

Cuando oye a *los de afuera*, lo fuerza a cambiar la manera en que se hace la iglesia.

MEJORE SU JUEGO

• Hacer listas de los entornos *de afuera* de la iglesia, donde su organización regularmente interactúa con gente que no asiste a la iglesia.

• ¿En que áreas su organización debería cuidar la tendencia de proteger a *los de adentro*?

• ¿Qué entornos ha diseñado su organización, con *los de afuera* de la iglesia en mente?

• ¿Quiénes son los 'expertos' *de afuera* que llegan a su audiencia en cuestión?

15

REEMPLAZARSE A UNO MISMO

Aprenda a delegar lo que usted hace

Comencé a coleccionar figuritas de béisbol cuando niño en los finales de la década de 1960 y al comienzo de la siguiente, esos pedazos frágiles de cartón con la imagen y estadísticas de jugadores como Johnny Bemch, Reggie Jackson y Hank Aaron, son aún mis más preciadas pertenencias. Estos muchachos eran leyendas en su época.

Siempre voy a recordar el 8 de abril de 1974. Yo tenía catorce años y puedo ver aún la imagen de un hombre balanceando el bate. Fue una noche mágica cuando Hammerin' Hank Aarón golpeó el terreno local número 715 y trotó alrededor de las bases, superó el récord de Babe Ruth y pasó a la historia. Pensé en esa noche nuevamente en 1998 cuando, con un golpe Mark McGwire rompió el récord de Roger Maris de treinta y un años de más corridas a terreno local en una temporada. Viendo a Mc

Gwire alrededor de las bases, pensé: *"No importa quién seas, cuán famoso o poderoso, un día alguien te reemplazará"*.

Poco antes de que George H. W. Bush dejara la oficina, nuestro personal asistió a una conferencia que brindaba el mismo Bush. Él describió en detalle su vuelo final en el Air Force One, después de la inauguración de Bill Clinton. Ese día Bush se despertó en la Casa Blanca y terminó el día en la cama en una casa alquilada en Houston. Dijo que a la mañana siguiente se despertó temprano y comenzó a buscar en la oscuridad el botón que por años le indicaba a su personal, que quería una taza de café. Accidentalmente despertó a Bárbara, quien descubrió lo que trataba de hacer. Ella dijo:

– George, vas a tener que levantarte y hacerlo por ti mismo.

Es fuerte pero inevitable: un día se acabará. Un día alguien más estará haciendo lo que usted hace ahora. Un día será reemplazado. Tenga o no una estrategia, finalmente usted saldrá. Y ese día, todo lo que hizo, todo lo que soñó y todo lo que construyó será puesto en las manos de alguien más. Como todos los demás, usted probablemente está planeando dejar una marca y un legado. Pero si es un poco como yo, tiende a hacer planes para mañana, no para la próxima década. Y aunque en lo profundo sepa que no va a estar en la foto, nada en la manera en que trabaje o viva testifica que ha abrazado la idea. El hecho es, tiene solamente dos elecciones:

1. Puede aferrarse desesperadamente a su trabajo hasta que alguien inevitablemente lo reemplace.

2. Puede preparar a alguien que haga lo que usted hace, y reemplazarse a usted mismo estratégicamente.

La primera opción le da un panorama limitado de qué sucede en el futuro de su organización; la segunda le permite elevar su influencia con la próxima generación, quienes un día liderarán su organización. Cuando intenta quedarse, alienta a los suyos a construir su organización alrededor de su personalidad; cuando se plantea reemplazarse, le permite a su organización ser conducida por una visión. Aprender a delegar el liderazgo a la próxima generación es vital para la longevidad de cualquier organización, especialmente la iglesia.

IMPACTO ESTUDIANTIL
Del manual North Point

Si poner de aprendices a los voluntarios es la mejor manera de discipular y desarrollar a los adultos, ¿por qué no tener el mismo método con los adolescentes? Por lo tanto desarrollamos *Student Impact* para poner a los adolescentes al frente de nuestros entornos de ministerio. Algunas iglesias lo objetaron; pero cuando escuchamos honestamente a nuestros estudiantes, aprendimos que la mayoría de ellos no quiere estar en una habitación el domingo a la mañana. En lugar de eso los tenemos sirviendo en el campo de la misión.

Cuando este grupo se involucró con los otros ministerios, *Waumba Land*, *UpStreet*, *Kidstuff* y *Extreme*, los beneficios fueron inmediatos. De repente nuestros niños experimentaron el hecho de servir. Los del secundario eran guiados por un grupo al que respetaban, y nuestro grupo de la primaria vio que servir a otros era una manera de ser populares. ¡Y los chicos del secundario tenían una razón para estar los domingos a la mañana!

La verdadera disciplina es servir e involucrarse. Nuestros alumnos no solo oyen sobre ideas distantes, sino que son parte de una revolución. Nuestro programa de secundario está ahora agendado para el domingo a la tarde, de manera que los adolescentes puedan venir al programa de la mañana. Cada semana los estudiantes de North Point trabajan cambiando pañales, ayudando a las maestras, liderando la música de adoración y sirviendo a las familias. Ellos cambian vidas y, haciendo eso, son cambiados.

DERRUMBEMOS PAREDES DE LIDERAZGO

Hace varios años John Maxwell presentó a nuestro personal el concepto: "El límite del liderazgo". Un límite es algo que impide que un líder crezca. Maxwell explicó que hay ciertos aspectos de la personalidad que pueden evitar que logre todo su potencial; por lo tanto, es importante para los líderes identificar los límites y hacer lo que puedan para pasarlos. Una organización tendrá una época difícil si pasa el límite de su líder.

Hemos descubierto que esas organizaciones también tienen "paredes de liderazgo" que previenen a los otros de lograr su potencial. Mientras el límite del liderazgo puede deteriorar su crecimiento personal como líder, y puede indirectamente afectar el resto de su organización, una pared en el liderazgo puede directamente disminuir el crecimiento del equipo y crear una brecha en su organización. Forman una barrera que bloquea al desarrollo de líderes futuros en su organización.

Si falla al desarrollar una estrategia para reemplazarse, forzará a talentos individuales a quedarse en espera, causará que los líderes potenciales salgan de la organización, sofocará las ideas de miembros valiosos, demorará su habilidad para reclutar voluntarios y limitará el crecimiento de sus programas y ministerios.

Cada líder necesita dar una mirada honesta y objetiva a todo lo que sea una barrera de crecimiento en el personal y voluntarios de la iglesia. Considere esta posibilidad: las mismas características que hacen a un líder efectivo pueden afectar adversamente su habilidad para reproducir otros líderes. Aquí hay algunos ejemplos de cómo los diferentes atributos de los líderes pueden construir paredes que impiden el desarrollo de nuevos líderes:

El líder *osado* que se especializa en correr riesgos y entrar en nuevo territorio como pionero, ve las ideas nuevas de otros como amenaza o en competencia con las suyas.

El líder que *nutre* es paciente y alentador, pero puede ser que le falte firmeza para confrontar a alguien en áreas que realmente necesita cambiar.

El líder *carismático,* que es capaz de inspirar a las masas a seguir un sueño, puede ponerse celoso y a la defensiva cuando es el momento de seguir a un nuevo dirigente.

El líder *innovado*r, que usa su creatividad para producir algo relevante y original, pero tiende a ser posesivo cuando otro artista trata de mejorar lo que él ha creado.

El líder *director* es excelente coordinando al personal y desarrollando sistemas, aunque puede resistirse testarudamente a los que cuestionan el proceso o quieren experimentar haciendo las cosas de manera diferente.

El líder de *alto rendimiento* que puede hacer malabares con una carga importante de trabajo y aún es extremadamente productivo, pero su falla al delegar hace que nadie más pueda ver su visión.

Reemplazarse comienza con un cambio de opinión como líder. Demanda que enfrente ciertas tendencias personales que pueden no ser saludables para su organización. Estos síntomas suelen ser más obvios de lo que usted piensa. El pastor insiste en ser el único que habla, los administradores se frustran fácilmente por las sugerencias, el progreso es lento porque solo a unas pocas personas se les permite tomar decisiones, los mismos cantantes y músicos son citados cada semana, los miembros del personal creen que son los únicos que pueden hacer el trabajo, y los aumentos y bonos reflejan solo la productividad personal.

Como líder, probablemente se le ha enseñado a enfocar para ser alguien fuerte. Estamos de acuerdo. Somos apasionados de la idea "juegue en su zona", pero no al extremo de acaparar todo a expensas de su equipo. También debe determinar qué hace fuertes a los otros líderes. Esto puede requerir que se concentre en las áreas donde piensa que es difícil ser reemplazado como líder. ¿En lugar de preguntarse: "¿Qué detiene mi crecimiento como líder?", debería cuestionarse: "¿Qué impide a los que están alrededor de mí para que crezcan como líderes?"

APLAUDIR A AQUELLOS QUE APLAUDEN A OTROS

Reemplazarse a usted mismo significa que está dispuesto a darle a alguien una parte significativa de lo que usted hace. Luego es responsable de ayudar a esta persona para que tenga éxito. Que sea aplaudida y reconocida por lo que ha hecho. Y estar listo para aplaudir a aquellos líderes que aplauden a los que han hecho bien su trabajo. Cuando aplaude a los líderes que empujan a otros a estar en escena, envía un mensaje a todos de lo que es importante en su organización.

La mayoría de los líderes son compensados de acuerdo a su habilidad de innovar, crear, producir, dirigir y actuar. La razón por la cual no practican el relevarse, es porque raramente son aplaudidos. ¡Están enfocados en su desarrollo personal en lugar de desarrollar a otros! Siempre que un líder trate de construir seguridad en torno al puesto haciéndose indispensable para la organización, en realidad convierte lo que hace en un antiservicio para la organización. Generalmente esto está basado en la propia inseguridad.

La práctica de *reemplazarse a usted mismo* es indispensable para la longevidad de una organización, pero si quiere convertirla en un hábito, debe reconocerla y recompensarla cuando suceda. Entonces cada líder en cada nivel comienza a celebrarlo cuando ve líderes convirtiendo a otros en exitosos.

POSICIONAR A SUS VOLUNTARIOS PARA RECLUTAR

Hemos explicado por qué reemplazarse es importante en el contexto de los líderes que un día se irán de su organización. Es también esencial ver cómo este principio se aplica para expandir la base de voluntarios. Consideramos a los voluntarios nuestro recurso de base. Ellos tienen la clave para completar nuestra visión de liderar a las personas en una relación de crecimiento con Cristo.

Algunas iglesias creen en el mito de que la responsabilidad de reclutar gente es de un grupo pequeño del equipo. Al pensar así, se limita la cantidad de voluntarios que pueden reclutarse y entrenarse. Pero si puede inspirar exitosamente a los voluntarios existentes a reemplazarse, tienen la posibilidad de crecer cada vez más rápidamente. La raíz del objetivo está en asegurarse que cada voluntario cumpla su misión de encontrar otro. ¿Imposible? Puede ser. ¿Pero qué si al menos la mitad de sus voluntarios encuentran otra persona para hacer lo que hacen? ¿Qué tal si uno de cuatro se impusiera el desafío de hacerlo? ¿Qué clase de diferencia haría en el crecimiento de sus voluntarios?

Algo que diferencia a la Iglesia de otros asuntos, es que necesita voluntarios para funcionar. Un grupo pequeño, por ejemplo, requiere un líder por cada diez o doce individuos. Una compañía promedio no podría contratar a alguien por cada doce clientes. Dentro de nuestra familia de ministerio, hay más de ciento treinta voluntarios para hacer funcionar nuestro entorno semanalmente. Si les pagáramos a estas personas solo diez dólares la hora, sumaría treinta mil dólares cada semana.

Ahora considere que mucha de esta gente está altamente entrenada; esto subiría el valor. Camine por los pasillos un domingo a la mañana, y puede encontrar a un doctor en la dirección de un video, un experto en sistemas que desarrolla nuestros gráficos de computadora, un ejecutivo bancario que dirige un pequeño grupo de segundo grado, y el director de una escuela secundaria que trabaja con chicos de nivel medio. Aunque pudiéramos afrontar cómo pagarles, nunca completaríamos el nivel de su experiencia.

Cuando comenzamos en North Point, teníamos solo un pequeño grupo de personal que coordinaba un número de ministerios. Tratábamos de encontrar voluntarios pero, como todos eran nuevos, teníamos relación limitada con los que asistían. Nos reuníamos con un puñado de voluntarios y les dábamos tarjetas. Les pedíamos a todos que anotaran los nombres de dos o tres amigos que pudieran hacer lo que ellos hacían. Entonces los alentábamos a invitarlos. Y en la siguiente reunión todos hacían un reporte. ¡Estábamos sorprendidos de cuántos venían con voluntarios nuevos!

Un simple anuncio o un aviso en el boletín de la iglesia son raramente efectivos para encontrar voluntarios. ¿Por qué? Porque los líderes no se postulan de voluntarios, son reclutados. Responden a una invitación personal, no anuncios en general. Una de las razones por las que seguimos teniendo voluntarios geniales, es porque se reemplazan a sí mismos.

ENSEÑE LO QUE SABE

La forma más efectiva de entrenar personas, es ser el modelo que necesita seguir un discípulo. Pero esta puede ser una idea aterrorizante para el líder promedio. Existen ciertos mitos que opacan lo que realmente significa ser discípulo. Por ejemplo, una noción es que usted debe estar más entrenado que la persona a la que entrena. Sin embargo, usted no es responsable de saber todo lo que hay que saber sobre ministerios. Es responsable de delegar lo que sabe. No tiene que ser un jugador increíblemente talentoso para entrenar a alguien y enseñarle cómo jugar mejor.

Hace unos pocos años, la revista *Fast Company* contó de Doug Blevins, un hombre que había aspirado toda la vida a ser entrenador de fútbol en la Liga Nacional de Fútbol. Él comenzó a bombardear al manager Dick Steinberg con faxes detallando los errores de Cary Blanchard, de los Jets. Steinberg estaba evidentemente impresionado con el conocimiento de Blevins sobre el juego, y lo contrató como asesor en 1994. Lo asombroso es que Blevins nunca había intentado nada en el campo de juego. No había jugado para ningún equipo, en ningún nivel. Porque nació con parálisis cerebral; él, de hecho, nunca ha caminado.[1]

El punto es que, aunque no lo sepa todo, eso no debería impedirle que enseñe a alguien. Su responsabilidad es enseñar lo que sabe. Y si desarrolla un corazón de entrenador, puede ayudar a la gente a crecer y mejorar sus habilidades.

REEMPLAZO EN UNA ESCALA MÁS GRANDE
Del manual North Point

Después de cinco años de crecimiento, teníamos nuestras instalaciones al máximo, había que hacer algo, y pronto se puso en evidencia que el plan de Dios para North Point incluía una estrategia "multicampo", en donde estableceríamos modelos similares de ministerios en ubicaciones estratégicas. A través del liderazgo de David McDaniel, nuestro director de expansión, estos lugares proveerían alivio al hacinamiento y ofrecería a cada nuevo lugar un modelo de iglesia relevante.

Desde el comienzo nuestro equipo ha promovido una actitud de licencia que insiste en que intencionalmente nos reemplacemos a nosotros mismos. Así que hemos establecido personal calificado para proveer de personal a estos nuevos espacios. Este concepto les permitió a los miembros claves del personal de nuestro campus Alpharetta, pasar a nuevas áreas, porque había estructuras y gente en el lugar para sustituirlos.

Cuando Dios bendice su ministerio, usted tiene que duplicarse tantas veces como se sustituye.

TRES PASOS PARA DELEGAR

Reproducir líderes, para hacer más de las mismas cosas, es la única manera como podemos complacer las demandas de más grupos pequeños, más ministerios y más áreas. Y ha sido clave para desarrollar talentos especiales. Los tres pasos siguientes son consejos para hacer un pase exitoso.

1. Divídalo

La enseñanza para que alguien lo sustituya comienza por tener un claro entendimiento de exactamente qué es lo que está tratando de pasar. *Fast Company* hizo esta observación de Doug Blevins: "Los entrenadores en cada negocio pueden aprender de las técnicas de enseñanza de Blevin. Él desmenuza cada acción hasta las partes que la componen, luego las exprime y saca mejoras críticas. Y sabe cuánto puede cambiar en un jugador, y cuándo debe dejar así".[2]

Si alguien va a enseñar lo que hace, entonces tiene que saber qué es lo que hace. Porque si no puede explicar o definir qué hace, entonces es menos factible que alguien más lo haga.

Cada función debe ser desmenuzada en pasos claros y, si es posible, hasta escrita. Es posible que, si no se ha anotado, quizás no ha sido analizada con eficacia. Hay algo en el proceso de poner una tarea en el papel, y dividirla en pasos, que la hace más fácil de transferir a otro.

Por el otro lado, lo que usted haga puede ser tan intuitivo que sea difícil de articular o enseñar. Por ejemplo, Andy tiene el don de la comunicación, y hay algo en la manera en que prepara, estudia, crea, define y habla, que es difícil para él explicar. Así que, ¿cómo puede Andy transferir lo que sabe hacer intuitivamente a alguien más? ¿Cómo puede usar su conocimiento para entrenar a otros comunicadores para ser más efectivos? Para ayudarlo pasamos un tiempo estudiando qué hace Andy, y detallamos sus pasos. Lane sigue sus técnicas y graba sus procesos. ¿Por qué? Porque así él puede dividirlo de tal manera que alguien más pueda repetirlo.

2. Delegar

Cuando se *reemplaza a usted mismo*, está entregando algo que le ha pertenecido. Está equipando a alguien con algo que usted ha hecho, llevándolo a un papel que usted ha desempeñado. Asumiendo que usted es humano, es posible que sienta una serie de emociones al hacerlo. Y si la pelota se cae, tenderá a querer levantarla rápidamente. Pero recuerde, está entrenando a alguien más para llevar la pelota. No trate de ser el héroe que arregla los problemas y llega a la línea final.

Está allí para entrenar y modelar. Todos aprenden mejor de los errores, así que permita a los otros aprender de los suyos. Su trabajo es llevar a alguien más a través de la línea final para anotar puntos.

Las personas que toman el principio de *reemplazarse a sí mismo* ven a los otros como compañeros, no como competidores. En nuestra división Ministerio de familia, cada voluntario pasa por un proceso inicial de orientación general antes de ser asignado a un líder. Este último moldeará la habilidad específica que está aprendiendo. Primero, esto permite observar y evaluar a cada voluntario en su proceso de aprendizaje. Segundo, le da a la gente la confianza suficiente para servir efectivamente. También, como la mayoría de la gente quiere ganar, les da la posibilidad de aprender cómo ganar antes de entrar al juego por su cuenta. Mientras que los aprendices incorporan y desarrollan nuevas técnicas, usted estará desarrollando también su habilidad para enseñar a otros. Puede practicar por años antes de que alguien tome su lugar. Pero ese día llegará. Y lo que haga ahora puede prepararlo para lo que tendrá que hacer luego. Ahora, es importante que en su iglesia se aprenda a delegar. Llegará el día en que será crucial para esos individuos dejarlos ir.

3. Dejar ir

Esto puede ser duro, pero es necesario. Tarde o temprano, habrá que irse. Así que practiquemos ahora. Dios nos da varias oportunidades a través de la vida para aprender esta lección. Dejamos nuestra casa como estudiantes. Vemos a nuestros hijos convertirse en independientes. Perdemos a alguien que amamos. La vida es movimiento, y hay momentos que tenemos que dejarla pasar. Es por lo general difícil. Siempre requiere confianza. Pero nuestro entendimiento del cuadro general nos da sabiduría para dejar ir y para pasar a lo que venga detrás.

Algo inesperado sucedió, hace unos años, cuando Larry Burkett, fundador de Conceptos Financieros, decidió que era hora de irse del liderazgo y unir su organización sin fines de lucro con otra entidad. Esto significaba que Burkett le permitía a los otros utilizar lo que le había llevado veinticinco años construir. El socio que eligió fue el que algunos podían haber considerado su competencia, Ministerios Crown. Pero lo que Burket modeló, mientras trabajaba a través de la transición, es una lección increíble para los líderes cristianos.

En una ocasión dijo:

– Mi temor más grande en la vida es estar enfrente del Señor y oírlo decir: "Tenía mucho más para ti, pero sostuviste lo que tenías demasiado fuerte".

Larry Burkett reconoce que esto es algo en lo que muy comúnmente fallamos. Es más fácil dejar ir aquello que de todos modos no nos pertenece. Cuando se está enfocado en el ámbito del reino de Dios, uno se da cuenta que hay algo más importante que los sueños o la propia agenda. Burkett reconoció que había más potencial para alcanzar a otros si combinaban sus esfuerzos con Ministerios Crown, que si se quedaba independiente. Esa decisión es una clara ilustración del poder de dejarlo ir de la manera correcta. Los más cercanos a Burkett dijeron que la decisión de fusionarse fue realmente una de una serie de decisiones que reflejaban una vida caracterizada por la inclinación al reino. Considere uno de los siguientes ejemplos.

Burkett donó los dos millones de dólares que había ganado por vender su negocio personal, antes de comenzar su ministerio. Cuando se le preguntó por qué no ahorró algo de dinero para su proyecto sin fines de lucro, dijo que quería depender de Dios para satisfacer sus necesidades.

Una vez tuvo la oportunidad de enjuiciar a otro cristiano por un tema de plagio, por una cantidad significativa de dinero. Burkett se negó, diciendo que eran ideas de Dios de todos modos, y que quizás el material alcanzaría a más gente.

En 1982 ayudó a comenzar la Fundación Cristiana Nacional, la cual luego tuvo la oportunidad de asociarse con un grupo de otras fundaciones. Otros señalaron la posibilidad de que cubrieran el país y controlaran todo. Él rechazó la idea de trabajar para obtener el control, pero le gustó la idea de cubrir el país. Así que en lugar de eso Burkett influenció en el comité de la Fundación Cristiana Nacional para ayudar a varias comunidades a comenzar pequeñas fundaciones para servir a regiones específicas.

Cuando alguien sugirió que Ministerio Crown era su competidor más grande, Larry se indignó:

– No hay competición en el mundo cristiano –dijo.

Entonces procedió a invitar a Howard Dayton para ser entrevistado en su programa de radio para promover el ministerio "competidor".

Larry Burket tenía el hábito de dar lo que tenía. Creía que la agenda de Dios era más importante que la suya.

Todos lo que lo conocieron dicen que sostenía con una mano abierta. Así que no es sorpresa que, cuando vino la hora, fuera fácil irse. Había tenido años de práctica

• Identifique los líderes en su organización. ¿Cuál es su plan para reemplazar a estos líderes?

• ¿En quiénes invierte personalmente para que hagan *su* tarea luego que usted se haya ido?

• ¿Qué sistemas reproductivos están ahora dentro de su organización que le facilitarán transferir las responsabilidades a otros?

• ¿Con cuáles de los tipos de liderazgo, en la lista de la página 165, se identifica? ¿Lo hace también con las debilidades potenciales de la lista para esta clase de líder?

• ¿Cuáles de las tendencias personales insanas en la lista de la página 165 pueden ser identificables en su equipo?

16

TRABAJAR EN ESO

*Tómese tiempo para evaluar su
trabajo, y celebrar sus victorias*

El entrenamiento anual de primavera, en el béisbol, es un recordatorio de que inclusive los mejores en el juego necesitan un tiempo para entrenar y practicar. Todo lo que uno tiene que hacer es ver, y darse cuenta de que lo fundamental tiende a desaparecer, incluso en los mejores jugadores, si no trabajan sus habilidades. Es por eso que Barry Bonds tiene un entrenador de bateo. Piense en eso. Contradictoriamente, el mejor golpeador en el juego hoy, y uno de los mejores de todos los tiempos, tiene a alguien con quien analizar sus golpes. Bonds reconoce que no es suficiente jugar el juego, también hay que trabajar en él.

Aquellos que trabajan en el ministerio no son diferentes, no importa cuánto hayamos servido, no interesa cuántos sermones hayamos dado o cuántos ministerios exitosos promovido, si no somos consistentes evaluando tanto nuestra actuación y nuestras estratégias, en algún punto comenzaremos a vacilar y a perder.

La autoevaluación no es un concepto nuevo. El libro de Génesis registra que Dios tuvo un tiempo para evaluar su propio trabajo. *Las Escrituras* dicen que al final de los seis largos días en los que creó, antes de descansar, evaluó. Vio lo que Él hizo y contempló, y aquí: *"fue muy bueno"* (Génesis 1:31). Ahora Dios, obviamente, tuvo una ventaja, por lo tanto todo lo que creó es bueno. La evaluación probablemente no lleve tanto tiempo. Pero Él lo miró nuevamente. Más tarde aprendimos que evaluó la situación de Adán y vio que no era bueno para un hombre estar solo, y todos estamos agradecidos que Dios se tomó el tiempo para trabajar en el sistema ese día.

El punto es, no importa cuán bueno es el sistema, un tiempo consistente de evaluación puede producir formidables beneficios. Llamamos a esto el margen creador. Andy nos desafió, tanto en lo personal como en lo institucional, para crear margen en nuestras vidas. El margen no sucede accidentalmente ni tampoco automáticamente. Debe ser practicado.

HACER ESPACIO EN SU CALENDARIO

Para la mayoría de nosotros, nuestro margen es lo que queda después de que terminamos todo lo que tenemos que hacer. Es un pensamiento tardío. Para que el margen sea correcto y sea efectivo, tiene que ser una parte integral de su plan completo. Desde el comienzo tiene que programar tiempos consistentes para alejarse de la batalla y evaluar su plan, como así también su actuación. No importa cuán duro trate de ser, simplemente no se puede mientras todo está en movimiento.

Trabajé por unos pocos años en una iglesia, que era tan grande que teníamos pintores en el personal. Los pintores comenzaban en una punta del edificio y para cuando terminaban cada cuarto en la iglesia, era necesario comenzar nuevamente. Nunca olvidaré el día que pintaron mi oficina. Esa mañana sentí los olores más fuertes que nunca había percibido. Elegí entrar a tomar algunas cosas y me escapé rápidamente.

Mientras estaba allí le pregunté a uno de los pintores cómo podía soportar trabajar con ese olor.

– ¿Qué olor? –dijo.

Algunas veces es difícil oler algo si nos rodea todo el día. Es como volver a casa después de una semana de vacaciones: cuando usted entra reconoce el olor que, por ser tan común, antes no lo olía. No se puede evitar perder de vista algunas cosas. Cosas que están ahí por tanto tiempo que ya no las ve más. Cosas que han comenzado a descomponerse y se ha acostumbrado al olor. Por eso hemos logrado hacer un tiempo que no está en la rutina habitual de trabajo del ministerio. Les asignamos un alto valor a los retiros y a las reuniones extraordinarias, donde nuestro equipo puede dar un paso atrás y ver la gran figura de las cosas. Pues, el momento de actuar es ahora.

EL TIEMPO DE ACTUAR ES AHORA
Del manual North Point

Una de las cosas importantes que aprendimos hace tiempo, fue que si íbamos a ser una iglesia grande con un gran impacto, teníamos que empezar a actuar de esa manera, aunque no lo fuéramos. Comenzamos a realizar planificaciones de retiros con equipos de líderes, aun cuando el equipo de líderes era prácticamente todo el personal. No era que necesitábamos apartarnos de todos, porque éramos todos. Pero sabíamos que un día no lo seríamos. Así que establecimos un evento anual externo donde celebrábamos lo que había sucedido el año previo, y planeábamos para el próximo año.

En uno de estos primeros eventos, Andy nos desafió a los seis que estábamos a diagramar un esquema organizativo de personal para una iglesia de cinco mil personas. Esto fue cuando nuestra congregación era una pequeña porción de ese número. Pero diseñamos el esquema e insertamos los nombres del personal en cada cuadro. Esto nos dio una guía para saber por dónde crecer. Y al crecer, lentamente, reemplazamos nuestros nombres por un equipo increíble como el que tenemos hoy.

Una vez que alcanzamos cinco mil en asistencia, puede imaginarse cuál fue el punto principal del retiro ese año: un esquema para una iglesia de diez mil.

TIEMPO DE INFORME SEMANAL

En North Point hemos hecho de la evaluación, una parte de nuestra rutina. Cada lunes, los siete miembros de nuestro equipo se reúne en "Trabaje sobre ello". El valor de esta reunión es difícil de exagerar. Aparte de considerar los temas y oportunidades que se presentan cada semana, somos capaces de hablar del éxito y de las fallas que hay en cada área. El valor relacional de esta reunión hace que valga la pena aunque solamente hablemos de nuestras vidas. También incluimos el personal de otras iglesias en esta reunión, para exponerles las ideas y dinamismos del equipo de liderazgo.

El lunes es también el día en que se reúne el personal; todo –aunque se está poniendo bastante grande–. Andy hace a todos la misma pregunta:

– ¿Qué vio, oyó o experimentó esta semana que lo hace sentir que hemos completado exitosamente nuestra misión?

Las historias que escuchamos en respuesta nos dicen que "hemos trabajado en ello" exitosamente, reconocemos que cuando no hay historias, significa que no somos efectivos.

Adicionalmente, cada una de las reuniones creativas, en donde planeamos un entorno, incluye una fase de evaluación en la que vemos nuestra efectividad en la semana anterior. Durante el tiempo de evaluación de nuestro servicio de oración, desarrollamos un intenso examen del servicio asegurándonos que podemos repetir aquellas cosas que funcionaron y evitar las que no. Estos tiempos pequeños pero específicos de evaluación, son piezas fundamentales que han sido creadas y que son cuidadosamente guardadas.

El espacio de calendario va más allá de estructurar un tiempo específico de evaluación. Puede también incluir detener un programa o actividad por un período de tiempo. Por ejemplo, la asistencia en muchos de nuestros programas disminuye considerablemente o se detiene durante los meses de verano. Esto les da un tiempo extendido para evaluar los programas, y a menudo realinearlos. Estos leves cambios de dirección son difíciles de ver cuando uno va a toda velocidad, pero al agendar un tiempo de evaluación, el líder puede poner el ministerio nuevamente en camino y revisar todo. También se provee de un descanso muy necesitado para un gran número de voluntarios.

Otro ejemplo de espacio de calendario es la decisión de cancelar el servicio del domingo siguiente a Navidad. Ese domingo simplemente cerramos. Hacemos esto por dos razones: primero, como agradecimiento a los miles de voluntarios que se necesitan para un domingo; y segundo, para proteger la calidad del producto. Porque muchos de nuestros voluntarios viajan ese día y se nos hace difícil mantener el nivel de excelencia al que estamos acostumbrados. Pero programando y anunciando ese cierre, todos somos capaces de convertir una situación negativa en positiva.

Hemos descubierto que en esos momentos de margen creado, se nos ocurren nuestras mejores ideas. Somos capaces de resolver algunos de nuestros problemas más complicados, y reencauzar nuestras energías para que hagan una enorme diferencia en nuestro ministerio futuro.

UNA ORGANIZACIÓN QUE APRENDE
Del manual North Point

En su libro *"La quinta disciplina"*, Peter Senge introdujo el término "la organización que aprende". Uno de los aspectos primarios de "Trabajar sobre ello" es continuar aprendiendo como organización. Nuestro equipo de líderes, como así también algunos de los otros equipos de ministerios en la iglesia, leen a menudo libros de negocios y de liderazgo como grupo.

Casi la mitad del tiempo de nuestras reuniones de los lunes a la mañana lo pasamos analizando un libro y su aplicación para nuestras circunstancias. Aquí hay algunos de los libros que hemos leído:

El mito del emprendedor, de Michael Geber.
La quinta disciplina, de Peter Senge.
Enfoque, de Al Ries.
Built to Last [Construido para durar], de Jim Collins.
Las cinco tentaciones de un directivo, de Patrick Lencioni.
Las cinco disfunciones de un equipo, de Patrick Lencioni.
El principio 80/20, de Richard Koch.
Paradigmas, de Joel Arthur Barker.
Lo que saben los mejores CEOs, de Jeffrey Krames.
Courageous Leadership [Liderazgo valiente], de Bill Hybels.

Muchas de las siete prácticas en este libro son aplicaciones directas de principios e ideas que han salido de nuestros estudios de libros en equipo.

CONFRONTEMOS LOS HECHOS

No hay nada como un mal día en el campo de juego para producir una buena nota en la página deportiva del día siguiente. Es increíble cómo una evaluación honesta puede conducir a observaciones bastante desagradables. Idealmente, su organización será como la creación, en donde Dios se tomó tiempo para pensar. Al observarla, quizás la vea muy bien, o puede terminar como el resto de nosotros, confrontados con algunos hechos no muy agradables. El hecho es que cuando las personas están involucradas, hay siempre áreas que necesitan mejorar. Algunas veces es tan simple como mejorar el rendimiento. Digo "simple" porque hemos encontrado que las actuaciones son más fáciles de mejorar que los sistemas. Cuando usted se ha hecho el margen para trabajar en un área específica, ha creado un entorno en donde puede confrontar con lo que Jim Collins llama "los hechos brutales".[1]

Durante esas épocas todos pueden sugerir y tomar sugerencias. Son momentos de dialogo intenso y debate, y a veces hay lágrimas. No hay vacas o programas sagrados. Todo está en debate y debe ser defendido por nuestras misiones y valores. Esta es una de las maneras para quedarnos alineados con nuestros propósitos. Al final del día, cuando el polvo se asienta, hemos preguntado lo más duro y llegado a las respuestas correctas.

Un aviso de precaución: el sentido común nos dice que los debates abiertos y honestos crean el potencial para los impactos negativos en las relaciones. Para que su personal no pague el precio relacional, debe desarrollar un entorno de verdad en su equipo. Usamos algo muy gráfico: nos imaginamos a cada uno de nosotros llevando dos baldes al mismo tiempo. Uno está lleno de agua, el otro lleno de gasolina. Cuando un debate honesto nos lleva a diferencia de opiniones, es bueno. Pero cuando nos lleva a habladurías y críticas, puede ser mortal.

Debe haber un compromiso mutuo entre el personal, que todos los fuegos van a ser apagados con el balde de agua y no alimentados con el de gasolina. Si su personal elige creer los unos en los otros y supone lo mejor, tendrá una atmósfera donde el debate puede tomar su camino completo y natural, sin temor de retribución o reprimenda.

CELEBREMOS LAS HISTORIAS

Una cosa clave a recordar acerca de crear un margen en su organización, es que no es suficiente con evaluar. También tiene que celebrar. Cuando veo un equipo de béisbol celebrando una victoria de Serie Mundial, nunca dejo de emocionarme, porque en ese momento de alegría están puestas miles de horas de sacrificio, práctica y esfuerzo. La historia de millones de campistas de las Ligas Pequeñas, de padres que arrojan miles de pelotas de bateo, está expresada en ese momento de celebración libre.

En North Point no solo evaluamos nuestra efectividad narrando historias, sino celebrando con los involucrados. Es una posibilidad única para los ministerios publicar reconocimiento y agradecer a los colegas, quienes han jugado un rol clave en hacer que suceda una gran historia. Hemos visto mucha gente de nuestra administración conmoverse hasta las lágrimas al escuchar a un ministro "de primera línea", testificar cómo la fidelidad de ellos en las pequeñas cosas ha resultado en una vida cambiada a lo grande.

Hemos hecho también del festejo el tema central de nuestra experiencia de adoración el domingo a la mañana. Cuando alguien viene para ser bautizado, les mostramos un video de uno o dos minutos de esa persona contando su historia. Estas personas a menudo utilizan la oportunidad para agradecer públicamente a aquellos que Dios ha usado para hacer la diferencia en sus vidas. Somos capaces de decir entonces a la congregación, de los cuales muchos no son creyentes, que estas historias están porque hacemos lo que hacemos.

Si quiere que una conducta se repita, entonces necesita recompensarla. Pocas cosas tienen más recompensa que escuchar su nombre como parte de la historia de una vida cambiada.

UNA NOCHE PARA RECORDAR
Del manual North Point

Uno de los desafíos más grandes que enfrenté, fue cómo honrar adecuada y apropiadamente a un gran número de voluntarios. En nuestra división Ministerio de Familia, la cual abarca miles de voluntarios que trabajan con todos, desde chicos de jardín hasta adultos casados, hemos resuelto este dilema a través de nuestros Premios de Servicio Estratégico.

Este es un evento como el de los Oscar, donde cada ministro de área invita a sus voluntarios a cenar y le provee un espectáculo de entretenimiento construido alrededor del trabajo del departamento. Destacamos a ciertos trabajadores a través de historias compartidas por chicos y adultos en su área de ministerio. Las historias que esta gente cuenta, de cómo Dios ha usado la fe de un voluntario en particular para impactar sus vidas, son lo destacado de la noche. Todos los voluntarios reciben un regalo especial en agradecimiento por sus servicios.

Este evento es una producción grande y cara, y con propósito. Nuestra intención es comunicar el gran valor que tienen nuestros voluntarios, y darles una noche para recordar.

UNA PREGUNTA CLAVE

Nadie que lea este libro tendrá que preguntarse si está trabajando en su ministerio. Eso es lo que todos hacemos. La pregunta clave que todos debemos hacernos es: "¿Soy consistente en la separación del tiempo para trabajar en el ministerio?"

Todos los grandes atletas miran las películas de su actuación en el juego. Todos los grandes atletas detectan los problemas y los corrigen. Todos los grandes atletas celebran sus victorias. Si tanto planeamiento y esfuerzo se hace por un trofeo, ¿cuánto más deberíamos hacer para impactar a alguien eternamente?

- ¿Permite su estructura actual el tiempo para hablar de sus experiencias? ¿Qué porcentaje de sus reuniones se usa para dar información?

- Considere los medios por los cuales usted puede animar al aprendizaje a través de su organización.

- ¿Cuánto de su tiempo pasa solo trabajando en su programación semanal y cuánto en la consideración de estrategias generales?

- Haga una lista de temas que su equipo necesita considerar, que no influya directamente en sus programas semanales. Por ejemplo: cómo alcanza a *los de afuera*, incrementando la participación, identificando lo que no funciona, desarrollando una filosofía de compromiso, etc.

- ¿Dirían los miembros de su organización que sus contribuciones son apreciadas y que el tiempo se utiliza para tener en cuenta esas contribuciones?

- ¿En qué áreas y de qué manera puede mejorar esto?

- Identifique una victoria que podría festejar con su equipo. ¿Cómo sería esa celebración? ¡Ahora póngala en su calendario!

Conclusión

UN
DESAFÍO
FINAL

Por Andy Stanley

Su ministerio está perfectamente diseñado para lograr los resultados que obtiene actualmente. Si está satisfecho con ellos, entonces no tiene sentido complicar su vida con estas siete prácticas. Pero si está listo para cambiar, si ve una necesidad de mejorar, entonces los principios de este libro le darán la fuerza para llegar a su futuro soñado.

En North Point hemos encontrado que cada práctica sentó bases en la organización para componentes específicos de nuestra misión y estrategias. Por ejemplo: *Clarificar el objetivo* recarga nuestra energía. *Pensar en pasos, no en programas*, protege nuestra alineación. *Antes de empezar algo, asegurarse que lo lleve adonde necesita ir*, nos lleva a la excelencia. *Hacer menos cosas para causar un impacto mayor*, nos garantiza ser pertinentes. *Escuchar a los de afuera* nos mantiene concentrados en el crecimiento. *Reemplazarse a uno mismo* nos asegura longevidad. Y *tomarse tiempo para evaluar su trabajo, y celebrar sus victorias*, nos posiciona en un lugar para el descubrimiento.

Las haya identificado o no, su organización ha establecido algunas prácticas por sí misma. Hay algunas teorías y reglas que gobiernan su proceso de decisiones. Cada organización las tiene. Puede ser que no sea capaz de articularlas todas, pero sabe cuándo se topa con una: siempre alguien reacciona.

Sin duda, algunas de las prácticas de su organización han sido desafiadas mientras trabajaba a través de estas páginas. ¿Y ahora qué?, ¿cuál es su próximo movimiento? Sugiero elegir una, pueden ser dos de estas prácticas, y comenzar a enseñarlas a sus líderes.

Además, buscar oportunidades para modelar el principio que usted quiere destacar. Por ejemplo, buscar entornos que no estén enfocados y enfocarlos. Predicar con un solo mensaje. Usar una reunión entera para clarificar la victoria de un programa. En otras palabras, involucrar a las personas en el proceso de descubrir el valor de estas prácticas. Además, cuando descubre una práctica que necesita ser abandonada, dígalo e incite a su equipo a que lo haga. Por ejemplo, si en lugar de enseñar menos por más sus comunicadores tienden a enseñar "hasta que se acaba el tiempo". Hable de ello. Desarrolle sus propias frases para describir qué se debería hacer y qué no.

Si su ministerio tiene una historia de líderes que se *"atrincheran"* en lugar de reemplazarse, hable de eso. Contraste los dos. Clarifique qué dejar y qué poseer. Si va a hacer de estas siete prácticas un sistema a través del cual evalúe y planifique, le permitirán a su ministerio emerger de la neblina de la desinformación que impide su progreso.

Siempre me ha consolado el hecho de que Jesús dijo que Él edificaría su Iglesia, porque Él promete llevar la carga pesada, mientras mi responsabilidad como líder local es, simplemente, mantenerme cerca del Salvador. Nuestra oración es que estas prácticas lo ayuden a hacer exactamente eso.

NOTAS

Capítulo 1

1. Béisbol: [Del inglés *base ball*]. Juego entre dos equipos, en el que los jugadores han de recorrer ciertos puestos o bases de un circuito, en combinación con el lanzamiento de una pelota desde el centro de dicho circuito.
2. En béisbol, el Premio Cy Young es una distinción otorgada anualmente al mejor lanzador de las grandes ligas.

Capítulo 2

1. *Strike*: [Lanzamiento bueno o *strike*] es una pelota legalmente lanzada por el *pitcher* al bateador y cantada por el árbitro.
   [http://espanol.geocities.com/elpelotero_online/reglas/reglasbeisbol2.htm]
2. *Catcher* [Receptor] es el *fildeador* [jugador a la defensiva] que toma su posición detrás de la base del *home* [lugar de bateo].

Capítulo 4

1. Base: es uno de los cuatro puntos que deben ser tocados por un corredor a fin de poder anotar en carrera, también usualmente se emplea este término para indicar las almohadillas de lona y el plato de goma que demarcan los lugares o puntos de las bases.

Capítulo 5

1. *Pitcher* [Lanzador] es el jugador a la defensiva designado para lanzar la pelota a los bateadores.

Capítulo 11

1. *American Heritage Dictionary of the English Language: Fourth Edition, 2000*, s.v. "programa".
2. *American Heritage Dictionary of the English Language: Fourth Edition, 2000*, s.v. "paso".
3. Lewis Carroll, *Alicia en el país de las maravillas*, en Martin Gardner, *The Annotated Alice* (New York: New American Library, 1960), p. 88.

Capítulo 13
1. John Coné, citado por Carol Dahle, *Learning-John Coné* [Aprendizaje John Coné], Fast Company, diciembre de 1998, 178.
2. Malcolm Gladwell, *The tipping point: how little tthings can make a big difference* [Punto de inflexión: como las pequeñas cosas pueden hacer una gran diferencia] (Boston: Little, Brown, 2002).

Capítulo 14
1. George Barna, *Grow your church from outside in: understanding the unchurched and how to reach them* [Crece tu iglesia hacia adentro: entendiendo a los inconversos y como alcanzarlos] (Ventura, CA: Regal Books, 2002), 23.

Capítulo 15
1. Todd Shapera, *This coach helps the best to hit their stride* [Este entrenador ayuda a los mejores a alcanzar su potencial], Fast Company, septiembre 2000, 48.
2. Ibid.

Capítulo 16
1. Jim Collins, *Good to great* [Bueno para lo grande], New York: Harper Collins, 2001, 72.

Esperamos que este libro
haya sido de su agrado.
Para información o comentarios,
escríbanos a la dirección
que aparece debajo.
Muchas gracias.

info@peniel.com
www.peniel.com